电力行业"十四五"规划教材

高职高专电子信息类系列教材

物联网技术及工程实践

主　编　郭雷岗　冯明卿　李云松

副主编　陈亚琨　王一妹　张　波　王　楠

编　写　李青松　段　锐　江扬帆　刘沣啸

　　　　刘涵青　侯思悦　刘　迪

主　审　张国锋　赵兴成

中国电力出版社
CHINA ELECTRIC POWER PRESS

内容提要

本书为电力行业"十四五"规划教材。

本书为校企合作教材，采取项目制形式，以任务单为载体，从理论和实践两个角度探讨物联网技术及工程实践。本书共分 9 个项目，主要包括项目需求分析与系统设计、本地终端设备开发、物联网操作系统终端应用、传感器网络与通信、联网设备接入平台、物联网应用程序开发、CodeArts 平台使用、物联网与大数据、物联网与 AI 等。书中按照高职院校人才培养的岗课赛证理念，全面阐述华为物联网技术的架构和实践流程，并以灵活、自主的活页式教材为载体，方便项目式教学落地和实施。

本书可作为高职高专、职教本科、应用型本科等院校的物联网、大数据技术、软件技术、计算机科学与技术、数据科学与大数据技术等相关专业的教材，也可作为科研人员、工程师和大数据爱好者的参考书。

图书在版编目（CIP）数据

物联网技术及工程实践 / 郭雷岗，冯明卿，李云松

主编；陈亚琨等副主编 . -- 北京：中国电力出版社，

2025. 8. -- ISBN 978-7-5239-0092-5

Ⅰ. TP393.4; TP18

中国国家版本馆 CIP 数据核字第 2025987J8S 号

出版发行：中国电力出版社

地　　址：北京市东城区北京站西街 19 号（邮政编码 100005）

网　　址：http://www.cepp.sgcc.com.cn

责任编辑：冯宁宁（010-63412537）

责任校对：黄　蓓　张晨荻

装帧设计：王英磊

责任印制：吴　迪

印　　刷：北京锦鸿盛世印刷科技有限公司

版　　次：2025 年 8 月第一版

印　　次：2025 年 8 月北京第一次印刷

开　　本：787 毫米 ×1092 毫米　16 开本

印　　张：13.25

字　　数：289 千字

定　　价：46.00 元

PREFACE

前言

随着科技的不断发展，物联网已成为当今时代的热点话题。"物联网"一词源于英文"Internet of Things"，起始于1999年，当时美国科学家凯尔·阿升顿（Kevin Ashton）提出了物联网的概念，并指出物联网是在互联网的基础上，利用射频识别技术（rodio frequency identification，RFID）、无线数据通信等技术，实现物品的自动识别和信息的互联与共享。

物联网技术及工程实践已成为当今时代的热点话题。物联网技术是当今世界正在兴起的一种综合性信息技术，它通过各种感知设备、传感器、执行器等，借助互联网、移动通信网等网络平台，实现各种服务对象的智能化感知、识别、定位、跟踪和管理。

物联网技术及工程实践的广泛应用已经渗透到智能家居、智能交通、智能医疗、智能工业、智能农业等各个领域。在智能家居领域，物联网技术可以实现各种设备的互联互通，提高家居生活的便利性和安全性；在智能交通领域，物联网技术可以实现车辆的智能控制和交通信号的智能调度，提高交通运输的效率；在智能医疗领域，物联网技术可以实现远程医疗、智能化医疗设备的连接和管理，提高医疗服务的效率和质量；在智能工业领域，物联网技术可以实现工厂设备的智能化控制和生产过程的优化，提高工业生产的效率和质量；在智能农业领域，物联网技术可以实现农作物的智能化监测和管理，提高农业生产的效率和质量。

本书的出版旨在为读者提供一套关于物联网技术的全面实践指南，帮助读者更好地了解物联网技术的现状和发展趋势，掌握相关的工程实践技能，并将理论知识应用于实际场景中，实现物联网技术在社会生产各个方面的广泛应用。

本书的编写人员都是从事物联网领域的专家、学者和具有多年企业工作经验的工程师，他们结合自己的教学心得和实践经验，采取项目制形式，以任务单为载体，从理论和实践两个角度探讨物联网技术及工程实践。书中按照高职院校人才培养的岗课赛证理念，全面阐述华为物联网技术的架构和实践流程，并以灵活、自主的活页式教材为载体，方便项目式教学落地和实施。本书共9个项目，项目1介绍了物联网系统需求分析与方案设计；项目2~项目6介绍了本地终端设备开发、物联网操作系统终端应用、传感器网络与通信、华为云物联网管理平台和物联网应用程序开发；项目7介绍了CoteArts平台使用；项目8和项目9介绍了物联网与大数据、物联网与AI等。

本书由郭雷岗、冯明卿、李云松担任主编，陈亚琨、王一妹、张波、王楠担任副主编，李青松、段锐、江扬帆、刘沣啸、刘涵青、侯思悦、刘迪参与编写。

本书由张国锋、赵兴成担任主审，他们提出了许多建设性的意见和建议。在本书的编写中，郑州电力高等专科学校的其他同仁给予了热情的支持，提出了许多宝贵的建议。同时本书还参考、引用了国内外很多专家、同行出版的图书和相关资料，在此一并表示衷心的感谢。

　　由于作者水平有限，加之新概念、新应用层出不穷，书中难免存在疏漏和不妥之处，欢迎广大读者批评指正。

编者

2025 年 3 月

CONTENTS

目录

项目 3　物联网操作系统终端应用

项目 4　传感器网络与通信

项目 5　物联网设备接入平台

项目 6　物联网应用程序开发

项目 7　CodeArts 平台使用

项目 8　物联网与大数据

项目 9　物联网与 AI

项目 1
系统需求分析与方案设计

思维导图

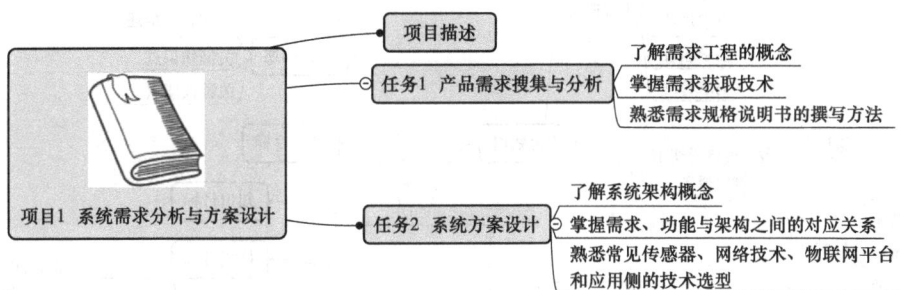

项目1 系统需求分析与方案设计
- 项目描述
- 任务1 产品需求搜集与分析
  - 了解需求工程的概念
  - 掌握需求获取技术
  - 熟悉需求规格说明书的撰写方法
- 任务2 系统方案设计
  - 了解系统架构概念
  - 掌握需求、功能与架构之间的对应关系
  - 熟悉常见传感器、网络技术、物联网平台和应用侧的技术选型

项目描述

在动手实现一个完整的物联网项目之前，需要先花时间确定用户的需求和进行相应的方案设计，这是后续所有工作的基础。目前，项目开发有不同的工程实践思路，比如瀑布式和敏捷式，应用根据不同的项目和团队情况去选择，但是需求分析和方法设计都是必要和重要的环节。

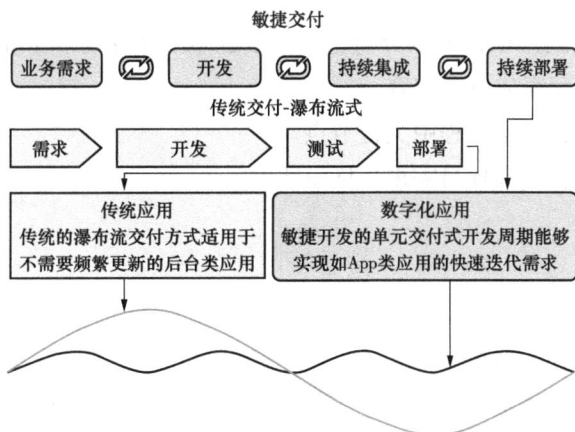

本项目包括 2 个独立的任务，任务 1 指导学员如何开展物联网项目中需求的搜集、分析和确认；任务 2 是基于任务 1 的需求，制定软 / 硬件方案架构和实现思路。

1.1 任务 1 产品需求搜集与分析

思维导图

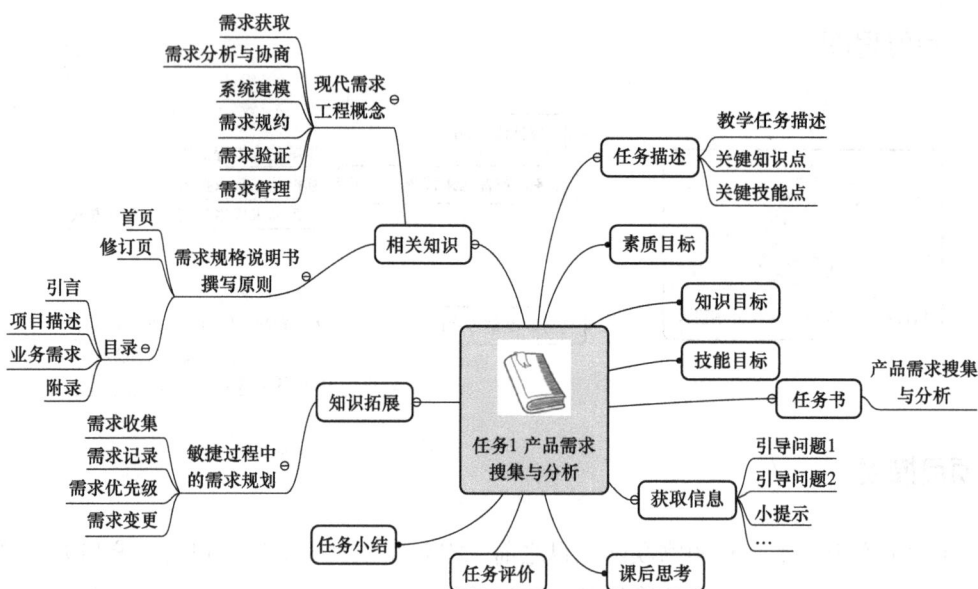

任务描述

（1）教学任务描述：项目需求分析包括需求获取、需求分析和需求确认等阶段，通过典型活动，示范如何完成以上内容。

（2）关键知识点：需求工程中关键节点。

（3）关键技能点：撰写项目需求规格说明书。

知识目标

（1）了解需求工程的概念。

（2）掌握需求获取技术。

（3）熟悉需求规格说明书的撰写方法。

技能目标 🔧

（1）能够完成项目需求的收集与分析。
（2）能够按照要求撰写需求规格说明书等文档。

素质目标 ✍️

（1）培养与客户沟通与交流的素养。
（2）培养团队内部精工协作的团队意识。

任务书 📖

在老师的指导下，完成对需求工程的认识，并以智慧路灯系统为目标，分析出目前路灯产品完整的功能需求，并按照需求规格说明书（见图 1-1-1）的要求，完成确认和文档化工作，由此培养一定的项目分析素养。

（项目名称）
系统需求规格说明书

文件版本	
编写日期	
发布日期	

1 引言
1.1 编写目的
【说明编写这份用户需求说明书的目的，指出预期的读者。】
1.2 适用范围
【说明此文档在何种情况下或种工作中使用。】
1.3 术语和缩写
【列出本文件中用到的专门术语的定义和外文首字母组词的原词组以及英文全称。】
1.4 参考资料
【列出有关参考资料。】
2 项目概述
2.1 项目介绍
【描述该软件开发的意图、应用目标、作用范围以及其他应向读者说明的有关该软件开发的背景材料。】
2.2 产品环境介绍
【描述本软件产品与其他产品或项目所组成的整体环境。】
2.3 业务与软件功能对照表
【列出业务与软件功能对照表，以便于检查软件功能是否覆盖了所有业务。

业务需求名称+ID	软件功能名称+ID

下表中业务需求是《用户需求规格说明书》中提到的所有用户需求，当项目软件不满足用户需求时，需在下表中明确说明。】
2.4 用户特点
【列出本软件的最终用户的特点，充分说明操作人员、维护人员的教育水平和技术专长，以及本软件的预期使用频度，这些是软件设计工作的重要约束。】
2.5 假设和依赖关系
【列出可能影响需求说明书中需求的所有假设因素（与已知事实相对而言），项目对外部条件的依赖、以及进行本软件开发工作的假定和约束，例如经费限制、开发期限、设备条件等。】
3 功能需求
【逐项定量和定性地叙述功能需求，说明如何响应预期的输入，不可预期的输入，如何处理，得到盒子输出。需求应该简明、完整、不含糊、可验证。】

图 1-1-1 需求规格说明书模板文档

获取信息

引导问题 1　我不知道要做什么，以及如何准确捕捉到客户的真实需求？请同学们思考如何思考清楚这个问题，以及该问题的重要性和对后续工作的影响。

小 提 示

　　需求分析也称为软件需求分析、系统需求分析或需求分析工程等，是开发人员经过深入细致的调研和分析，准确理解用户和项目的功能、性能、可靠性等具体要求，将用户非形式的需求表述转化为完整的需求定义，从而确定系统必须做什么的过程。

　　需求分析阶段的工作，可以分为四个方面，即问题识别、分析与综合、制订规格说明、评审。

引导问题 2　一个团队在需求工程中的分工是什么？

小 提 示

　　软件技术得以普及的今天，一些研发单位有足够的财力和人力进行自主研发。具有自主研发能力的研发单位，部门人员配置齐全的情况下，业务部门负责提供商业需求文档（Business Requirement Document，BRD）和市场需求文档（Market Requirement Document，MRD），产品经理负责整理出产品需求文档（Product Requirement Document，PRD），项目经理负责提供需求分析报告，研发经理负责提供需求规格说明书。

相关知识

1.1.1　现代软件工程的需求工程概念

对软件需要提供的服务和需要受到的约束进行理解、分析、验证和管理的过程叫做需求工程。需求工程是一个不断反复的需求定义、文档记录、需求演进的过程，并最终在验证的基础上冻结需求。将需求工程分为六个阶段（有不同的划分标准），即需求获取、需求分析与协商、系统建模、需求规约、需求验证及需求管理六个阶段。

1. 需求获取

在此阶段系统分析人员通过与用户交流（或访谈）、研究使用者的工作流程、问卷调查、研究目前存在的系统等方法确定系统或产品范围的限制性描述、系统环境的描述等。需求获取的工作结果为需求分析提供了基础。

2. 需求分析与协商

需求获取后需要进行分析，主要是对需求进行分类、分析每个需求与其他需求之间的关系，检查需求的一致性、重叠和遗漏的问题，并对需求进行排序。协商则是因为可能出现以下问题：①用户提出的要求超出软件系统可以实现的范围和能力；②不同用户提出了相互冲突的需求。因此需要协商。

3. 系统建模

通过合适的工具和符号系统来描述。在用户和系统分析人员之间建立了统一的语言和理解的桥梁。常用的分析和建模方法有面向数据流方法、面向数据结构方法和面向对象方法。

4. 需求规约

软件需求规约是分析任务的最终产物，建立完整的信息描述、详细的功能和行为描述、性能需求和设计约束的说明等。

5. 需求验证

作为需求开发阶段工作的复查手段，需求验证对功能的正确性、完整性和清晰性，以及其他需求给予评价。

6. 需求管理

软件需求管理是对需求工程所有相关活动的规划和控制。

小 提 示

什么是问卷调查？

　　由调研员根据调研目的设计问卷，采取抽样调查或面对特定群体的方式，让被调研者完成指定的问卷，最后由调研员针对问卷结果进行统计分析并得出结论的一种方式。调查问卷实例如图 1-1-2 所示。

智慧路灯系统行业与应用调查表

所属地区：_____

填报人姓名：_____

一、被调查单位基本情况

二、被调查单位路灯应用情况

图 1-1-2　调查问卷实例

1.1.2　需求规格说明书撰写原则

接下来将分享一般的需求说明书该如何撰写，有哪些格式，需要注意的事项等方面，力求使需求说明书看起来更规范、更专业。需求规格说明书文档导图如图 1-1-3 所示。

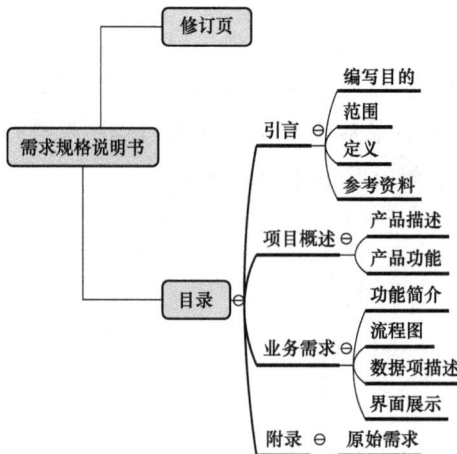

图 1-1-3　需求规格说明书文档导图

1. 首页

先说需求说明书的首页（见图 1-1-4），首页展示本公司的基本信息、需求说明书的标题，如 ×× 产品需求规格说明书和文档编号、编写人、模块名称、部门、保密等级、日期、版权说明等。

公司 LOGO
×× 软件有限公司
网址：www.baidu.com
电话：0571-2882-67××
电邮：info@baidu.com

×× 产品需求规格说明书
×× 模块

文档编号	
编 写 人	
模块名称	
部　　门	
保密等级	
日　　期	

版权说明

本文为属于 ×× 软件有限公司所有的机密材料。在获得 ×× 件有限公司直接的书面允许之前，本文中的任何部分均不得用各种方法或形式复制或公布于众。这些方法包括电子或机械的方法，如：影印或各种信息储存或重复取用系统。同样，在获得 ×× 软件有限公司直接的书面允许之前，本文中的任何部分也不得向第三方披露。

图 1-1-4　首页

2. 修订页

修订页的作用是记录需求说明书版本的变更，在跟客户沟通需求的时候，需求可能会变更，每一次修订都需记录下来，作为留痕。

修订页展示的内容包括编号、章节名称、修订内容简述、修订日期、修订前版本号、修订后版本号、修订人、批准人等，如图 1-1-5 所示。

第一章　修订页

编号	章节名称	修订内容简述	修订日期	修订前版本号	修订后版本号	修订人	批准人

图 1-1-5　修订页

3. 目录

目录即需求说明书正文的内容，包含引言、项目概述、业务需求、附录，如图1-1-6所示。

第二章　目录

图 1-1-6　目录

（1）引言：展示编写目的、范围、定义和参考资料。

1）编写目的：说明编写这份软件需求说明书的目的，指出预期的读者范围。

2）范围：待开发的软件系统的名称；说明软件将干什么，如果需要，还要说明软件产品不干什么；描述所说明的软件的应用，尽可能精确地描述所有相关的利益、目的，以及最终目标。

3）定义：列出本文件中用到的专门术语的定义和缩写词的原词组。

（2）项目描述：如果是项目需求，则简要描述项目的概况，如项目的背景、项目的周期等。

1）产品描述：叙述该项软件开发的意图、应用目标、作用范围及其他应向读者说明的有关该软件开发的背景材料。如果开发的系统与其他系统有对接，则还应该展示本系统与其他系统之间的关系，用方框图表示。

2）产品功能：系统包含的模块，并简要描述下各模块的功能。描述产品功能模块的作用是将系统的范围定义清楚，一共有多少个模块，以便甲乙两方明确本次项目的边界。

（3）业务需求：用户提出的需求。

1）功能介绍：描述功能要达到的目标、所采取的方法和技术，还应清楚说明功能意图的由来和背景。

2）流程图：如果涉及流程，除了文字以外，还需附上流程图。

3）数据项描述：展示字段、字段类型（文本、日期、数值、枚举值等）、数据来源、备注，开发看到数据项描述能定义数据库表中的字段。

4）界面展示：原型图输出，用原型图方式呈现文字描述的功能，每张原型图下面可以备注功能的路径，以便开发明白该原型图在哪个模块的哪个菜单。

（4）附录：对一个实际的需求规格说明来说，若有必要应该编写附录。

附录包括有助于理解需求说明的背景信息、用户历史、背景、经历和操作特点、原始需求、需求调研记录等。需要注意的是当包括附录时，需求说明必须明确地说明附录只作为参考，不作为正式的需求。

因为有时候一些原始需求，在需求沟通过程或者其他原因，可能会不做，原始的需求和正式要开发的需求不一定是相同的，所以要用文字说明附录不作为正式开发的需求，也不作为验收的标准。

最后，如果需求说明书需要用户签名，还需在后面写上用户公司名称、日期，以及本公司名称和日期。

知识拓展 📖

1.1.3　敏捷过程中的需求规划

敏捷开发对需求规划的要求是很高的。首先，需求是打散的，一个大的项目需求会拆分成很多小的功能完整的需求，以便排定优先级去逐个实现；其次，打散的需求全部实现之后，组合起来的要是一个整体，而不是散碎的个体，这样就要求需求规划非常完整，需求拆分非常精确。所以个人感觉敏捷开发提升了开发效率，但是对需求规划的要求更高了。如果是产品经理来担当项目负责人（Product Owner，PO），就是对产品经理的需求规划能力提出了更高的要求，必须有清晰的思路，很强的需求规划能力才可以，这样才能保证敏捷开发可以按照既定的设想去一步一步实现产品的设计。

很多人认为既然敏捷开发了，那就应该不用写文档了，其实不然，最基本的 PRD 还是要有的，哪怕是本来要一口气写一份完整的 PRD，采用敏捷开发之后，拆分成好几个部分去写，最后才合在一起。PRD 除了讲解需求的作用外，还是产品历史功能追溯、记录的作用，用来保证需求设计、开发实现、测试验证的过程是在同一个基准的理解基础上，避免出现各自的想法不一致导致的产品形态走样。要保证整个产品的过程流畅地走下去，首先就得保证需求规划的过程是完备且正确的。

1. 需求收集

敏捷开发模式下照样有需求收集的过程，不管是产品经理自己的想法，还是用户的需求，总有一个收集验证的过程。那么如何进行需求收集呢？除了问卷调查、意见反馈、竞品分析外，还可以有数据分析、同事反馈、用户观察等，此外还有微博搜索、博客搜索等信息收集的渠道。

2. 需求记录

把搜集回来的需求做一定的分析之后得出的结论就是我们要记录的需求条目，也就是可以排到敏捷开发计划里面去实现的需求列表。一般我们记录某个需求条目的时候都会考虑到用户场景，以一个故事的形式表述出来。

用户故事是从用户的角度来描述用户渴望得到的功能。一个好的用户故事包括以下三要素：①角色，谁要使用这个功能。②活动，需要完成什么样的功能。③商业价值，为什么需要这个功能，这个功能带来什么样的价值。通常，用户故事按照如下格式来表达：作为一个＜角色＞，我想要＜活动＞，以便于＜商业价值＞。举例：作为一个"网站管理员"，我想要"统计每天有多少人访问了我的网站"，以便于"我的赞助商了解我的网站会给他们带来什么收益。"

3. 需求优先级

如何判断需求优先级，这个根据不同的产品需求、业务场景会有不一样的考量，不过一般可以遵循如下两个原则：①价值，包括对产品自身的价值和对用户的价值，价值越高的优先级越高；②紧迫性，时间要求越高的优先级越高，特别是关于线上问题的解决这类。

4. 需求变更

不可避免，我们都需要面对这样的问题，幸好，敏捷开发最大的优势就是可以兼容变化。但也并不是说就可以想变就变，产品经理还是要尽量控制好这种变更的发生，只有当一些不可控的因素发生后才可以，比如政策法规改了这种，其他的都要尽量避免，所以说在制订需求规划的时候一定要完善才行。

采用了敏捷模式，不代表产品经理只要和开发人员口头介绍一下需求即可，还是要有一个完整的需求规划过程，口头的方式变数太大，还是会影响到产品的进展的。以用户痛点为中心的设计，就很适合敏捷的模式，快速迭代更改的都是用户继续得到解决或者改善的功能，自然需求优先级也会比较高。需求规划会贯穿产品的全部过程，这样才能保证在敏捷的过程中产品的一致性。

任务小结

本任务主要学习了如何进行项目需求的收集与分析，并将其转换成需求规格说明书等文档，并提供了对应的模板，学生可以完成此任务后，更好地理解需求分析的关键步骤和作用。

任务评价

案例	评分项	打分	说明
产品需求搜集与分析任务（学员/小组）	需求调研报告		
	需求确认		
	规格说明书撰写		
	展示汇报		
	总分		

课后思考

简答题：

（1）需求搜集的方法有哪些？优缺点是什么？

（2）思维导图在需求规划和分析中的作用是什么？

1.2 任务 2 系统方案设计

🔍 思维导图

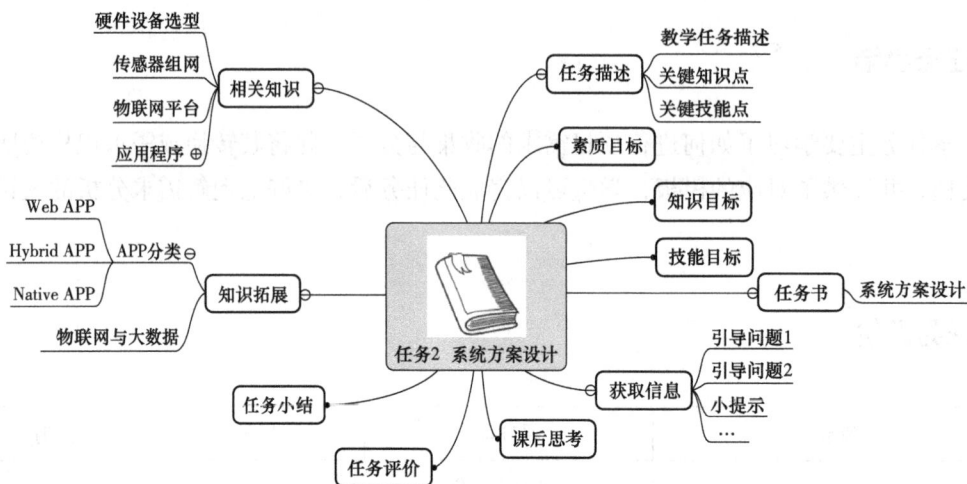

任务描述 ✎

（1）教学任务描述：系统方案设计包括系统架构设计、硬件选型和软件设计等阶段，通过典型活动，示范如何完成以上内容。

（2）关键知识点：架构设计。

（3）关键技能点：根据架构设计，选择合适的软/硬件资源。

知识目标 🌐

（1）了解系统架构概念。

（2）掌握需求、功能与架构之间的对应关系。

（3）熟悉常见传感器、网络技术、物联网平台和应用侧的技术选型。

技能目标 ⚒

（1）能够完成系统架构的分析与设计。

（2）能够按照设计方案确定具体的软/硬件等资源。

素质目标

（1）培养产品设计与技术方案转换的意识。
（2）培养整体架构的思维方法。

任 务 书

在老师的指导下，基于任务 1 给出的需求和功能点，确定智慧路灯系统的整体方案设计思路，在此基础上，确认在各个分层中涉及的设备硬件、平台开发和应用层等概要设计思路，完成方案设计文档的撰写，由此培养一定的架构分析素养。技术架构框图如图 1-2-1 所示。

图 1-2-1　技术架构框图

获取信息

引导问题 1　必须要做系统架构的设计吗？我觉得直接进行开发工作效率会更高啊！

小 提 示

系统设计的主要内容有系统总体结构设计、代码设计、输出设计、输入设计、处理过程设计、数据库设计、用户界面设计、安全机制设计等。功能结构设计将整个系统划分为具有独立性的模块，以便于系统实施阶段的程序设计。代码设计是实现计算机管理的一个前提条件，制订了人和机器的共同语言，使系统通过代码完成鉴别、分类、排序等功能。

引导问题2 项目设计的时候需要输出哪些文档？

小 提 示

对于不同的项目，可能设计文档的种类和数量不同，比如一个简单的电子手表，可只需要一个需求文档、一个方案设计文档就可以了。

其实，项目越复杂，设计文档越多。比如京东的仓储物流这一套系统，你能想象一下有多少个设计文档吗？仅是需求阶段的文档大约就有上百个需求、评估、审核等各种文档。

当然，对于普通的项目，需要的设计文档可能几个~十几个就可以了，比如：需求文档、评估文档、总方案文档、模块方案文档、通信协议文档、测试用例文档等。

每一种文档没有固定的格式，只需要结合实际项目，将重点描述清楚，能指导开发人员，方便开发和设计即可。

相关知识

1.2.1 硬件设备选型

硬件设备选型是指根据系统的功能、性能、成本等指标，从市场上供应的各种硬件设备中，选择最适合的设备。

硬件设备选型的原则一般有以下几个。

（1）系统的开放性。选择能够与其他设备兼容、支持多种标准和协议的设备。

（2）系统的延续性。选择能够适应系统发展和升级的设备。

（3）系统的可扩展性。选择能够根据系统需求增加或减少功能模块的设备。

（4）系统的互连性能。选择能够提供高速、稳定、安全的数据传输的设备。

（5）应用软件的支持。选择能够满足应用软件要求的设备。

（6）系统的性价比。选择能够在满足系统要求的前提下，尽量降低成本和维护费用的设备。

（7）生产厂商的技术支持。选择能够提供及时、有效、专业的技术服务和售后保障的设备。

1.2.2　传感器组网

传感器作为物联网系统中的核心部件，是数据采集的重要单元。单传感器采集的信息比较单一，这往往不能全面评价一个物体、一个区域的所有特征、信息、参数等指标，只有采用多种传感器采集各类数据信息才能综合体现一个物体、区域内动态性、全局性、矢量性的特征。如何让这么多传感器协同、协作的实时监测、感知和采集区域内的各种物体、环境的信息，并对这些信息数据进行处理，从而获得全面、详尽、准确的信息数据，并将这些信息数据传送到需要的用户那里，这就需要将这些传感器组网，形成数据采集、存储、处理的协同系统。

传感器组网以后，就可以实现从物体单一的属性采集走向综合属性采集，从单点信息采集转向多点信息采集，从单一信息的采集处理转向多源信息的综合采集处理，实现传感器系统的综合化、系统化、网络化、智能化。这样也就形成了区域内设置大量传感器采集点、单采集点采用多传感器、空间立体设置的感知网络，为智慧区域（城市、园区、农村等）建设提供丰富数据、数量规模巨大的感知网络。

1.2.3　物联网平台

物联网平台是一种软件或服务，可以帮助物联网系统的构建和管理。

物联网平台的主要功能如下。

（1）设备连接。提供设备接入云端的协议、认证、加密等技术，保证设备与云端的通信安全可靠。

（2）设备管理。提供设备注册、配置、监控、控制、升级等功能，实现设备的生命周期管理。

（3）数据处理。提供数据采集、存储、分析、转发等功能，实现数据的价值化利用。

（4）应用开发。提供应用开发工具、接口、模板等资源，支持开发者快速构建物联网应用。

物联网云平台可以根据不同的行业和场景，提供定制化的解决方案。例如，阿里云物联网平台提供了智能家居、智能制造、智慧城市等多种行业方案；中国移动物联网开放平台提供了智能农业、智能医疗、智能交通等多种场景方案。常见物联网云平台如图 1-2-2 所示。

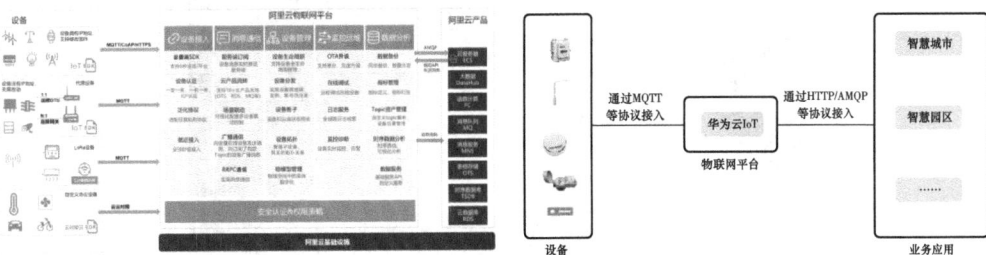

图 1-2-2　常见物联网云平台

1.2.4 应用程序

在开发物联网应用程序时，必须注意物联网的总体结构取决于以下三个基本支柱，即网络、事物本身、云。接下来也来看看构建物联网应用程序时需要考虑的一些重要步骤。

1. 选择合适的平台

对于开发人员来说，最初始的步骤是为开发过程选择合适的平台。由于不同平台的广泛可用性，在整个开发阶段选择支持技术类型和成本的平台至关重要。阿里云物联网和百度天工物联网平台等。它是通过允许开发人员将来自不同供应商的具有不同协议的设备连接到一个统一的系统中来实现的。例如，谷歌的物联网平台（也称为AndroidThings）支持多家制造商的设备，并连接低能耗传感器。

2. 了解适当的用例和相关行业

随着无限量服务的提供，物联网的范围扩大到了更大的程度。因此，重要的是要确定正确的使用情况，并考虑相关行业，同时建立物联网应用程序。企业提供与设备和网络的连接，以提供可能的解决方案。医疗保健、能源、制造业、交通运输等多种行业之间存在最佳连接，可以从不同角度改善连接。

3. 将服务与 API 接口分离

在开发物联网应用程序时，将服务与 API 接口分离变得至关重要。这种方法有助于开发的应用程序顺利运行，完全支持在移动和 Web 桌面上运行。因此，以更好的方式管理应用程序将为运营层带来更好的机会。

4. 提供可伸缩性

构建物联网应用程序时，确保开发应用程序功能所需的速度。可伸缩性因素决定了应用程序的持续时间和一致性。高可扩展性有助于管理与不同设备和流程相对应的大量且不断增加的数据。因此，云技术为物联网解决方案提供了高可扩展性。IoT 应用如图1-2-3 所示。

图 1-2-3　IoT 应用

5. 了解不同层次

不同的物联网应用程序级别对于清楚了解系统和相关功能至关重要。物联网应用程序主要包括四层，分别如下。

（1）设备。这些是连接到整个网络所需的全部设备。

（2）摄取层。该层允许基础设施或软件接收和组织数据。

（3）分析。该层支持数据处理。

（4）最终用户。这些用户是为其开发应用程序的用户。

6. 监督固件安全

物联网是指与网络中所有设备的连接和通信的一致性。固件中可能存在安全问题。因此，定期更新固件至关重要。此外，固件需要在更新之前进行签名和身份验证。

7. 提高速度和质量

在开发物联网应用程序时，应持续努力，即兴创作并保持更好的速度和质量。为物联网应用程序提供稳定的工作原型，重点关注并实施具体想法至关重要。

8. 确保机密数据的安全性

防止黑客或物理攻击的机密数据是任何物联网应用程序开发人员的首要关注事项。安全性至关重要，尤其是在银行应用程序或全球定位系统（Global Positioning System, GPS）网络中。物联网是技术领域中一个较新的方面。尽管如此，它仍在逐步扩大并取得巨大的成就，特别是在访问信息和保持连通性变得可行且具有成本效益的地方。开发物联网应用具有挑战性，因为它与移动或网络应用中采用的传统技术无关。然而，从合适的技术开发合作伙伴处创建物联网应用程序至关重要，因为安全性、可扩展性和功能性更为重要。

知识拓展

1.2.5　APP 分类

目前，主流应用程序大体分为 Web APP、Hybrid APP、Native APP 三类，如图 1-2-4 所示。

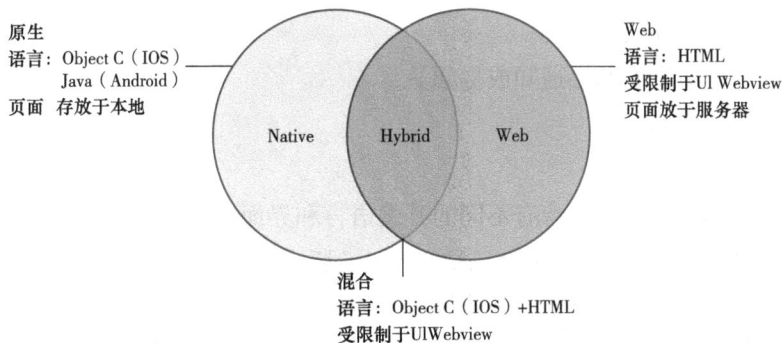

原生
语言：Object C（IOS）
　　　Java（Android）
页面　存放于本地

Web
语言：HTML
受限制于 UI Webview
页面放于服务器

Native　Hybrid　Web

混合
语言：Object C（IOS）+HTML
受限制于 UI Webview

图 1-2-4　APP 分类

1. Web APP

Web APP 是指采用 HTMI5 语言写出的 APP，不需要下载安装。类似于现在所说的轻应用。存在浏览器中的应用，基本上可以说是触屏版的网页应用。

优点：

（1）开发成本低。

（2）更新快。

（3）更新无需通知用户，不需要手动升级。

（4）能够跨多个平台和终端。

缺点：

（1）临时性的入口。

（2）无法获取系统级别的通知、提醒、动效等。

（3）用户留存率低。

（4）设计受限制。

（5）体验较差。

2. Hybrid APP

Hybrid APP 是指半原生半 Web 的混合类 APP。需要下载安装，看上去类似 Native APP，但只有很少的 UI Web View，访问的内容是 Web。

例如，Store 里的新闻类 APP，视频类 APP 普遍采取的是 Native 的框架，Web 的内容。Hybrid APP 极力打造类似于Native APP 的体验，但仍受限于技术、网速等因素，尚不完美。

3. Native APP

Native APP 是指原生程序，一般依托于操作系统，有很强的交互性，是一个完整的 APP，可拓展性强。需要用户下载安装使用。

优点：

（1）打造完美的用户体验。

（2）性能稳定。

（3）操作速度快，手感流畅。

（4）访问本地资源（通信录、相册）。

（5）设计出色的动效，转场。

（6）拥有系统级别的贴心通知或提醒。

（7）用户留存率高。

缺点：

（1）分发成本高（不同平台有不同的开发语言和界面适配）。

（2）维护成本高（如一款 APP 已更新至 V5 版本，但仍有用户在使用 V2、V3、V4 版本，则需要更多的开发人员维护之前的版本）。

（3）更新缓慢，根据不同平台，提交—审核—上线等不同的流程，需要经过的流程较复杂。

1.2.6 物联网与大数据

技术的进步使得可以在小型设备中嵌入增强的计算能力，并以接近实时的速度从中提取实时流数据。在传感技术领域，与计算和通信技术共存的这些进步导致了大量互连设备，通常被称为物联网。

虽然这种功能允许大规模生成数据，但机器学习的进步使得这些数据的开发模型不断增加。随着连接就绪设备和物联网相关技术的普及，大数据和数据分析正发挥着重要的作用并变得越来越重要。

1. 分析物联网数据

大数据和数据分析对物联网的有效运作至关重要。大数据是物联网的燃料，驱动互联物的人工智能就是它的大脑。从物联网中，真正的价值可以从推动智能洞察力和制造更智能的联系事物中获得，这些事物可以为新业务铺平道路。

数以百万计的物联网设备连接到物联网，产生了大量的数据。为了大规模分析这些数据，它需要人工智能，这可以通过大数据分析来了解影响业务的上下文关系和模式。为了做出实时决策，物联网正在推动大数据分析。因此，可以说大数据和物联网密切相关。

组织可能不需要生成的所有 IoT 数据。因此，要分析这些数据，必须建立适当的分析基础架构和平台。理想的分析平台必须基于以下三个参数，即未来增长、适当规模的基础架构和性能。

物联网设备产生大量数据，组织的任务是处理如此庞大的数据并对其执行操作。这些操作可以包括分析、静态准备、度量计算和事件关联。每次数据都不是流数据，并且在正常的大数据情况下操作会有所不同。因此，要管理物联网数据的规模，必须在构建分析解决方案时牢记这些差异。

2. 将大数据分析和物联网整合在一起

物联网正在以各种可能的方式改变着我们的生活，包括教育、智能家居、健康、运输、零售业、制造业等。物联网连接传感器、软件应用程序、可穿戴设备、智能手机、恒温器、语音激活设备、医疗设备、灯光和交通信号灯、火车卡车、卡车，汽车等。

所有这些物联网设备都在传输大量数据，需要新的硬件和软件基础设施来处理如此庞大的数据并进行实时检查。为了处理持续生成的数据，这些技术每天都在不断发展和改进。这是 IoT 与大数据链接的地方。为了提高性能，大数据可帮助企业利用周围可用的数据。

企业可以使用物联网跟踪其资产，以便在需要时通过大数据分析进行监控并采取纠正措施。例如，物联网有助于监控泵、卡车、发动机等资产。大数据有助于分析有关故障及其发生原因的有关这些设备和机器的可用数据。

大数据分析有助于预测问题并在问题发生之前对其进行修复。大数据和物联网相互协作，帮助资产监控从被动反应中主动进行。如今，只有 8% 的企业可以及时、完整地捕获和检查物联网数据。

任务小结

本任务主要学习了如何根据需求去设计完整的软硬件系统，并撰写出对应的文档，供团队成员共享参考，学生完成此任务后，可以更好地掌握整体架构的设计和从具体需求设计系统的能力。

任务评价

案例	评分项	打分	说明
系统方案设计任务 （学员 / 小组）	架构图设计		
	设备选型		
	网络拓扑设计		
	平台选型		
	应用层设计		
	文案输出		

课后思考

简答题：

（1）物联网常见的架构分层是什么？

（2）应用程序的开发能够在云端进行开发吗？

智慧路灯系统项目需求规格说明书

文件版本	V1.0
编写日期	2023.6.1
发布日期	2023.7.15

第一章　修订页

编号	章节名称	修订内容简述	修订日期	修订前版本号	修订后版本号	修订人	批准人

第二章　目录

智慧路灯系统行业与应用调查表

所属地区：＿＿＿＿＿＿＿

填报人姓名：＿＿＿＿＿＿

一、被调查单位基本情况

二、被调查单位路灯应用情况

智慧路灯系统项目方案设计文档

文件版本	V1.0
编写日期	2023.6.1
发布日期	2023.7.15

第一章 修订页

编号	章节名称	修订内容简述	修订日期	修订前版本号	修订后版本号	修订人	批准人

第二章　目录

项目 2
本地设备终端开发

思维导图

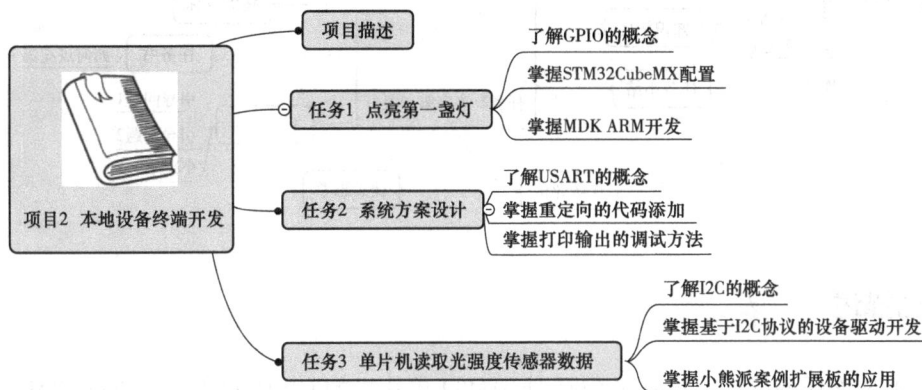

```
                                    ┌─────────┐
                                    │ 项目描述 │
                                    └─────────┘
                                                      了解GPIO的概念
                                    ┌──────────────┐   掌握STM32CubeMX配置
                                    │ 任务1 点亮第一盏灯 │
         ┌──────┐                   └──────────────┘   掌握MDK ARM开发
         │ 📖   │
         └──────┘                                      了解USART的概念
   项目2 本地设备终端开发              ┌──────────────┐   掌握重定向的代码添加
                                    │ 任务2 系统方案设计 │  掌握打印输出的调试方法
                                    └──────────────┘

                                                          了解I2C的概念
                                    ┌────────────────────┐ 掌握基于I2C协议的设备驱动开发
                                    │ 任务3 单片机读取光强度传感器数据 │ 掌握小熊派案例扩展板的应用
                                    └────────────────────┘
```

项目描述

在正式开始智慧路灯项目开发前，我们按照系统设计的架构，从设备端起始，逐步带领大家熟悉具体内容。

本项目包括 3 个独立的任务：任务 1 指导学员如何点亮第一盏灯；任务 2 是单片机串口接口配置与应用；任务 3 是在单片机上对传感器数据的采集，主要应用的是 I2C（Inter–Integrated Circuit，又称 IIC）总线等接口技术。

2.1 任务 1 点亮第一盏灯

思维导图

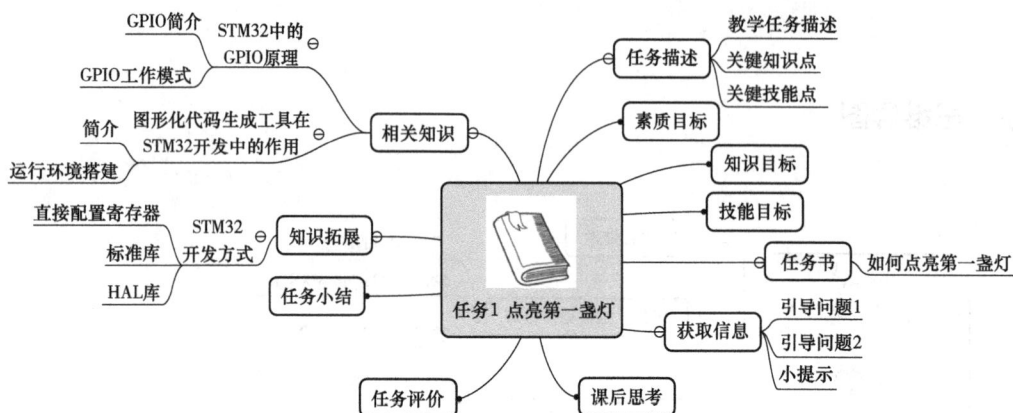

任务描述

（1）教学任务描述。该任务包括对 STM32 单片机的 GPIO 的认知，通过 STM32Cube MX 和 MDK ARM 开发工具的示范，展示如何完成通过 GPIO 控制 LED 灯。

（2）关键知识点。GPIO 原理及其配置。

（3）关键技能点。嵌入式 IDE 使用。

知识目标

（1）了解 GPIO 的概念。

（2）掌握 STM32CubeMX 配置。

（3）掌握 MDK ARM 开发。

技能目标

（1）能够完成 GPIO 的原理分析。

（2）能够按照要求进行图形化配置与代码生成。

素质目标

（1）培养与客户沟通与交流的素养。
（2）培养认真的工作态度。

任务书

在老师的指导下，完成对 STM32 MCU 的认识，并以点亮 LED 灯为目标，熟悉相应开发工具的使用，由此培养嵌入式开发的基本能力，如图 2-1-1 所示。

任务单

任务 名称	点亮第一盏灯	
任务 目标	如何使用 STM32CubeMX 快速生成 MDK 的工程，点亮一个 LED	
资源 准备	● 小熊派开发板 ● STM32CubeMX ● MDK KEIL	
操作 步骤	1. 硬件准备 2. 创建 Cube 工程 3. 生成 MDK 工程 4. 在 MDK 中编写、编译、下载用户代码	
运行结果 （可截图）		
评价	分数：	签字：

图 2-1-1　任务单 – 点灯

获取信息

引导问题 1　为什么要学习 STM32 单片机，而不是其他的 MCU？为什么要从点灯任务开始呢？

小 提 示

在硬件接口这个环节上都一样：学 51 单片机和学 STM32 都是一样的，主要看其市场上的资料是否足够充分，都是调用硬件接口，控制 I/O，完成相应的功能；在软件这个环节上，STM32 要强过 51 单片机：为什么这么说呢？学 STM32 它自带一个官方的库，这个库的源代码是开放的；而 51 单片机却没有，也就是说，当你做一个具体项目的时候，用 STM32 开发项目速度会比用 51 单片机要轻松、快捷、方便，并且漏洞（BUG）也少。万物皆有源头，大家学习单片机的源头操作就是通过 GPIO 接口点灯，GPIO 作为 STM32 最基础的外设，也是大家最先接触的外设。当然，看似基础的 GPIO，不仅是简单的设置好输入 / 输出（Input/Output，I/O）接口，让灯亮起就一了百了，了解清楚 GPIO 的使用特性，根本原理、运行机制对我们在涉及 GPIO 的相关设计操作上会应用得更加自如。万物皆有源头，大家学习单片机的源头操作就是通过 GPIO 口点灯，GPIO 作为 STM32 最基础的外设，也是大家最先接触的外设。当然，看似基础的 GPIO，不仅仅是简单的设置好 IO 口，让灯亮起就一了百了，了解清楚 GPIO 的使用特性，根本原理、运行机制对我们在涉及 GPIO 的相关设计操作上会应用得更加自如。

引导问题 2 STM32 开发常见的 IDE 有哪些？

小 提 示

针对 STM32 系列微控制器，目前市面上有很多适合的编程软件可供选择。不同的人有不同的喜好和项目需求，因此选择软件的标准可能会有所不同。以下是一些比较流行的软件，它们各具特色，可以根据不同需求选择：① STM32CubeMX；② Keil μVision；③ IAR Embedded Workbench；④ GCC。以上软件都是受欢迎的 ST（STMicro electionics，意法半导体）微控制器编程软件，每种软件都有其独特的特色和优 / 缺点。选择哪一款软件取决于具体的项目需求和个人喜好。

相关知识

2.1.1　STM32 中的 GPIO 原理

1. GPIO 简介

GPIO 就是通用输入 / 输出接口（General-Purpose IO ports），可以配置成输出模式来控制外部设备，也可以配置成输入模式来读取外部信号，是 STM32 的一种外设，连接芯片外部的引脚，其引脚可以供使用者自由地进行控制。将 STM32 芯片的 GPIO 引脚与外部设备连接起来，也可以实现与外部通信、控制及数据采集的功能。GPIO 最简单的功能是输出高低电平；GPIO 还可以被设置为输入功能，用于读取按键等输入信号；也可以将 GPIO 复用成芯片上的其他外设的控制引脚。

2. GPIO 工作模式

（1）输入模式（Input mode）。它是 GPIO 端口基本的工作模式，用于接收外部信号并读取其电平状态。在输入模式下，通常 GPIO 端口具有三种状态：高电平、低电平和浮空状态。当外部信号为高电平时，GPIO 端口会输出高电平；当外部信号为低电平时，GPIO 端口会输出低电平；当外部信号未接入时，GPIO 端口处于浮空状态。

输入模式广泛应用于各种传感器、开关等场合，例如，读取温度传感器、检测按键状态等。

（2）输出模式（Output mode）。它是 GPIO 端口另一个基本的工作模式，用于控制外部设备的状态。在输出模式下，GPIO 端口可以输出高电平或低电平信号，从而控制外部设备的开关状态。

输出模式广泛应用于各种控制场合，例如，控制 LED 灯、继电器等。

（3）复用功能模式（Alternate function mode）。STM32 微控制器内部集成了多种外设模块，如串口、SPI、I2C 等。在复用功能模式下，GPIO 端口可以通过设置复用功能模式，将其与这些外设模块进行连接，从而实现与外设模块的通信功能。

复用功能模式广泛应用于各种通信场合，如串行接口（简称串口）通信、SPI 通信等。

（4）模拟模式（Analog mode）。它是 GPIO 端口的一种特殊工作模式，用于输入或输出模拟信号。在模拟模式下，GPIO 端口可以通过数字模拟转换器（Digital-to-Analog Converter，DAC）输出模拟信号，或通过（模拟数字转换器 ADC）输入模拟信号。

模拟模式广泛应用于各种模拟信号处理场合，例如，音频信号处理、传感器信号采集等。

（5）推挽输出模式（Push-pull output mode）。它是 GPIO 端口的一种特殊输出模式，用于控制需要较大输出电流的设备。在推挽输出模式下，GPIO 端口可以输出高电平或低电平信号，并通过内部电路将输出电流放大，从而控制外部设备的状态。

推挽输出模式广泛应用于各种高电流控制场合，例如，驱动电动机、继电器等。

（6）开漏输出模式（Open-drain output mode）。它是 GPIO 端口的另一种特殊输出模式，也用于控制需要较大输出电流的设备。在开漏输出模式下，GPIO 端口可以输出低电平信号，并通过内部电路将输出电流放大，从而控制外部设备的状态。但是，当输出高电平信号时，GPIO 端口不会输出电流，而是处于高阻态。

开漏输出模式广泛应用于各种高电流控制场合，例如，驱动 LED 灯、I2C 通信等。

（7）外部中断模式（External interrupt mode）。它是 GPIO 端口的一种特殊输入模式，用于检测外部信号的边沿变化并触发中断。在外部中断模式下，GPIO 端口可以配置为上升沿触发、下降沿触发或双边沿触发模式，并在信号变化时触发中断，从而进行相关处理。

外部中断模式广泛应用于各种事件触发场合，例如，检测按键状态、检测传感器信号等。

（8）模拟中断模式（Analog interrupt mode）。它是 GPIO 端口的一种特殊输入模式，用于检测模拟信号的变化并触发中断。在模拟中断模式下，GPIO 端口可以通过设置阈值，当模拟信号超过阈值时触发中断，并进行相关处理。

模拟中断模式广泛应用于各种模拟信号处理场合，例如，音频信号处理、传感器信号采集等。

2.1.2　图形化代码生成工具在 STM32 开发中的作用

1. 简介

近年来，STM32CubeMX 是 ST 意法半导体大力推荐的 STM32 芯片图形化配置工具，允许用户使用图形化向导生成 C 初始化代码。

其特性如下：

（1）直观地选择 MCU 型号，可指定系列、封装、外设数量等条件。

（2）微控制器图形化配置。

（3）自动处理引脚冲突。

（4）动态设置时钟树，生成系统时钟配置代码。

（5）可以动态设置外设和中间件模式并进行初始化。

（6）功率损耗预测。

（7）C 代码工程生成器覆盖了 STM32 微控制器初始化编译软件，如 IAR、KEIL、GCC。

（8）可以独立使用或者作为 Eclipse 插件使用。

注意：STM32Cube 包含 STM32CubeMX 图形工具和 STM32Cube 库两部分，使用 STM32CubeMX 配置生成的代码，是基于 STM32Cube 库的。不同的 STM32 系列芯片，会有不同的 STM32Cube 库支持，而 STM32CubeMX 图形工具只有一种。所以我们配置不同的 STM32 系列芯片，选择不同的 STM32Cube 库即可。

2. 运行环境搭建

STM32CubeMX 运行环境搭建包含以下两部分。首先是 Java 运行环境安装；其次是 STM32CubeMX 软件安装。

（1）Java 软件安装。Java 软件的安装可以直接到官网（Https：//www.oracle.com/technetwork/javce/javase/downloads/index.htimll）下载安装即可，注意：STM32CubeMX 的 Java 运行环境版本必须是 V1.7 及以上，如果电脑安装过 V1.7 以下版本，则需先卸载后再重新安装最新版本。

（2）STM32CubeMX 软件安装。STM32CubeMX 软件的安装同样可以直接到官网

（https ：//www.stmcu.com cn/Designresource/design/resource detail?file-name=STM32CubeMX）
下载安装即可。

知识拓展

2.1.3　STM32 开发方式

（1）直接配置寄存器。寄存器开发本质是在操作内存，而通过地址映像我们就可以
了解到这块内存。

（2）标准库。ST 公司为每款芯片都编写了一份库文件，即工程文件里
STM32F1××…之类的文件。在这些文件中，包含一些常用量的宏定义，把一些外设也
通过结构体变量封装起来。所以我们只需要配置结构体变量成员就可以修改外设的配置
寄存器，从而选择不同的功能。它是目前常用的方式，也是学习 STM32 接触较多的一种
开发方式。

（3）HAL 库。它是 ST 公司目前主推的开发方式，全称为抽象印象层（Hardware
Abstraction Layer），相当于标准库的一种升级，HAL 库的一些函数甚至可以做到某些特定
功能的集成，即同样的功能，标准库可能要用几句话，HAL 库只需用一句话即可。HAL
库也很好地解决了程序移植的问题，不同型号的 STM32 芯片其标准库是不一样的，而使
用 HAL 库，只要使用的是相通的内置外设，程序基本可以完全复制粘贴。使用 ST 公司研
发的 STMcube 软件，可以通过图形化的配置功能，直接生成整个使用 HAL 库的工程文件。

任务小结

本任务主要学习了如何进行单片机的入门，通过点灯任务的实施，帮助大家认识和
熟悉对应的开发工具和配置流程。

任务评价

案例	评分项	打分	说明
点灯任务 （学员 / 小组）	IDE 搭建		
	工程创建		
	结果输出		
	展示汇报		
	总分		

课后思考

简答题：

（1）GPIO 的复用模式是如何配置的？

（2）STM32 HAL 库开发在代码生成中如何体现？

2.2　任务 2　单片机串行接口配置与应用

思维导图

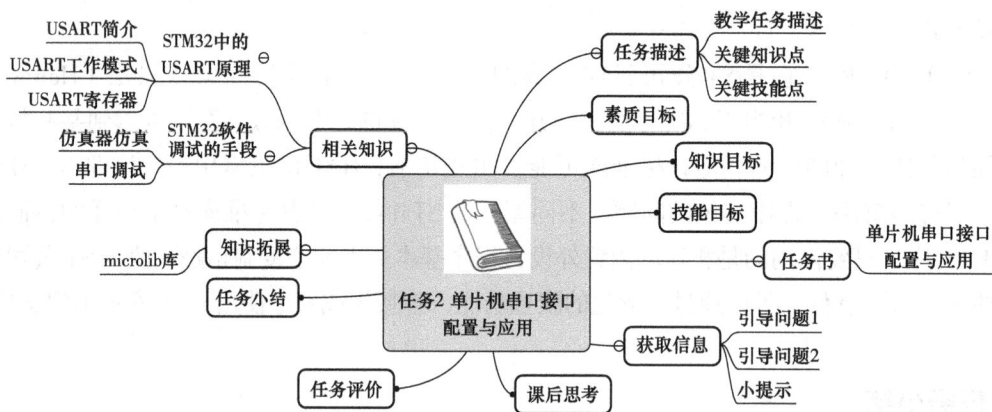

任务描述

（1）教学任务描述：该任务包括对 STM32 单片机的 USART 的认知，通过串口重定向的示范，展示如何完成 USART 等接口的使用，同时这个功能也是后续调试的基础。

（2）关键知识点：USART 原理及其配置。

（3）关键技能点：重定向代码的添加。

知识目标

（1）了解 USART 的概念。

（2）掌握重定向的代码添加。

（3）掌握打印输出的调试方法。

技能目标 ✂

（1）能够完成 USART 的原理分析。
（2）能够按照要求进行串口的图形化配置与代码生成。

素质目标 ✎

（1）培养与客户沟通与交流的素养。
（2）培养认真的工作态度。

任 务 书 📖

在老师的指导下，完成对 STM32 USART 的认识，并以重定向为目标，熟悉 USART 接口的使用方法，由此培养嵌入式开发的基本能力并树立调试意识，如图 2-2-1 所示。

任务单

任务名称	单片机串行接口配置与应用	
任务目标	如何重定向 printf 输出到串口输出的多种方法，包括调用 MDK 微库（MicroLib）的方法，调用标准库的方法	
资源准备	（1）硬件准备： 小熊派开发板 （2）软件准备： 串行接口助手	
操作步骤	（1）重定向原理 （2）在 MDK 中使用 MicroLib 重定向 printf （3）在 MDK 中使用标准库重定向 printf	
运行结果（可截图）		
评价	分数：	签字：

图 2-2-1 任务单 – 串口接口配置与应用

获取信息

引导问题 1 单片机的串口通信有同步和异步之分，其区别是什么？

小 提 示

同步通信，是指通信双方在通信过程中需要使用同步信号进行同步，以确保数据的正确传输。STM32 的同步通信主要有两种方式，即 SPI 和 I2C。

异步通信，是指通信双方在通信过程中不需要使用同步信号进行同步，数据的传输是通过数据帧的起始位、停止位和校验位来完成的。STM32 的异步通信主要是指 UART 串行接口通信。

引导问题 2 如何理解 MCU 无操作系统下的重定向？

小 提 示

printf( ) 函数是标准 C 库里面的一个输入输出函数，但是 MCU 无操作系统，如果需要使用 printf( ) 函数，或者类 printf( ) 函数，就需要将 fputc( ) 函数重定向。因为标准的输入输出函数是在操作系统下通过显卡输出到屏幕上的。查阅 printf( ) 函数源代码就会发现，printf( ) 函数最终输出的信息是通过 fputs( ) 函数实现的，fputs( ) 函数实现的是输出字符串。但是我们都知道 C 语言是没有字符串类型的，只有字符型。所以打开 fputs( ) 源代码就会发现，fputs( ) 函数实质是通过循环调用 fputc( ) 函数实现字符串的输出效果。如果能使 fputc( ) 函数输出的内容放到 UART 的 DR(TDR) 寄存器，即可实现 MCU 将通过 printf( ) 函数输出信息到串行接口。如果是发送到电脑的串行接口，通过相关的串口助手上位机软件即可输出信息；如果是其他 MCU 或者其他 MCU 外设（串行接口屏）也可以接收到信息，则按自己需求使用数据即可。

相关知识

2.2.1 STM32 中的 USART 原理

1. USART 简介

通用同步异步收发器（USART）能够灵活地与外部设备进行全双工数据交换，满足外部设备对工业标准 NRZ 异步串行数据格式的要求。USART 通过小数波特率发生器提供了多种波特率。它支持同步单向通信和半双工单线通信；还支持 LIN（局域互连网络）、智能卡协议与 IrDA（红外线数据协会）SIR ENDEC 规范，以及调制解调器操作（CTS/RTS）。而且，它还支持多处理器通信。通过配置多个缓冲区使用 DMA 可实现高速数据通信。

2. USART 工作模式

接口通过 3 个引脚从外部连接到其他设备。任何 USART 双向通信均需要至少以下两个引脚，即接收数据输入引脚（RX）和发送数据输出引脚（TX）分别说明如下。

RX：接收数据输入引脚就是串行数据输入引脚。过采样技术可区分有效输入数据和噪声，从而用于恢复数据。

TX：发送数据输出引脚。如果关闭发送器，该输出引脚模式由其 I/O 端口配置决定。如果使能了发送器但没有待发送的数据，则 TX 引脚处于高电平。在单线和智能卡模式下，该 I/O 用于发送和接收数据（USART 电平下，随后在 SW_RX 上接收数据）。

3. USART 寄存器

（1）状态寄存器（USART_SR）。

状态寄存器（Status register）
偏移地址：0x00
复位值：0x00C0 0000

31	30	29	28	27	26	25	24	23	22	21	20	19	18	17	16
Reserved															

15	14	13	12	11	10	9	8	7	6	5	4	3	2	1	0
Reserved						CTS	LBD	TXE	TC	RXNE	IDLE	ORE	NF	FE	PE
						rc_w0	rc_w0	r	rc_w0	rc_w0	r	r	r	r	r

（2）数据寄存器（USART_DR）。

数据寄存器（Data register）
偏移地址：0x04
复位值：0xXXXX XXXX

位 31:9　保留，必须保持复位值

位 8:0　**DR[8:0]**：数据值

包含接收到数据字符或已发送的数据字符，具体取决于所执行的操作是"读取"操作，还是"写入"操作。

因为数据寄存器包含两个寄存器，一个用于发送 (TDR)，一个用于接收 (RDR)，因此它具有双重功能（读和写）。

TDR 寄存器在内部总线和输出移位寄存器之间提供了并行接口。

RDR 寄存器在输入移位寄存器和内部总线之间提供了并行接口。

在使能奇偶校验位的情况下（USART_CR1 寄存器中的 PCE 位被置 1）进行发送时，由于 MSB 的写入值（位 7 或位 8，具体取决于数据长度）会被奇偶校验位所取代，因此该值不起任何作用。

在使能奇偶校验位的情况下进行接收时，从 MSB 位中读取的值为接收到的奇偶校验位。

2.2.2　STM32 软件调试的手段

常用 STM32 单片机调试方式有仿真器、串口、屏幕显示。

1. 仿真器仿真

IAR、keil 等集成开发环境配合仿真器调试程序很适合单片机。

优点：可设置断点、实时查看内存等。

缺点：要有仿真器。

2. 串口调试

相较于仿真器仿真，串口调试不需要仿真器，在某些没有或者不能使用仿真器的系统上更实用，通用性更强。

一般串口输出我们会使用重定向到串口的 printf( ) 函数或者自定义的串口输出函数 [如 send_debug_msg(char* msg)]，我们在程序中某处输出调试信息。

```
1  #ifdef DEBUG
2    send_debug_msg("exec 002");
3  #endif
```

使用屏幕显示调试的信息，这种方式有较大的限制，因为很多目标系统并不配有屏幕，不推荐使用。

知识拓展　📖

2.2.3　microlib 库

microlib 是缺省 C 库的备选库。它旨在与需要装入到极少量内存中的深层嵌入式应用程序配合使用。这些应用程序不在操作系统中运行。

microlib 进行了高度优化以使代码变得很小。它的功能比缺省 C 库少，并且根本不具备某些 ISOC 特性。某些库函数的运行速度也比较慢，例如，memcpy( )。

microlib 与缺省 C 库之间的主要差异如下。

（1）microlib 不符合 ISO C 库标准。不支持某些 ISO 特性，并且其他特性具有的功能也较少。

（2）microlib 不符合 IEEE 754 二进制浮点算法标准。

（3）microlib 进行了高度优化以使代码变得很小。

（4）无法对区域设置进行配置。缺省 C 区域设置是唯一可用的区域设置。

（5）不能将 main( ) 声明为使用参数，并且不能返回内容。

（6）不支持 stdio，但未缓冲的 stdin、stdout 和 stderr 除外。

（7）microlib 对 C99 函数提供有限的支持。

（8）microlib 不支持操作系统函数。

（9）microlib 不支持与位置无关的代码。

（10）microlib 不提供互斥锁来防止非线程安全的代码。

（11）microlib 不支持宽字符或多字节字符串。

（12）与 stdlib 不同，microlib 不支持可选择的单或双区内存模型。microlib 只提供双区内存模型，即单独的堆栈和堆区。

（13）可以合理地将 microlib 与 --fpmode=std 或 --fpmode=fast 配合使用。

任务小结

本任务主要学习了如何进行单片机 USART 的使用，通过 printf 函数的串口重定向任务的实施，帮助大家认识和熟悉串口的配置与应用，以及基础的调试手段。

任务评价

案例	评分项	打分	说明
串口接口配置与应用任务 （学员 / 小组）	STM32CubeMX 配置		
	工程创建		
	KEIL 中代码添加		
	结果运行		
	展示汇报		
	总分		

课后思考

简答题：

（1）USART 异步通信是如何配置的？

（2）STM32 内核对调试的支持有哪些？

2.3　任务 3　单片机读取光强度传感器数据

思维导图

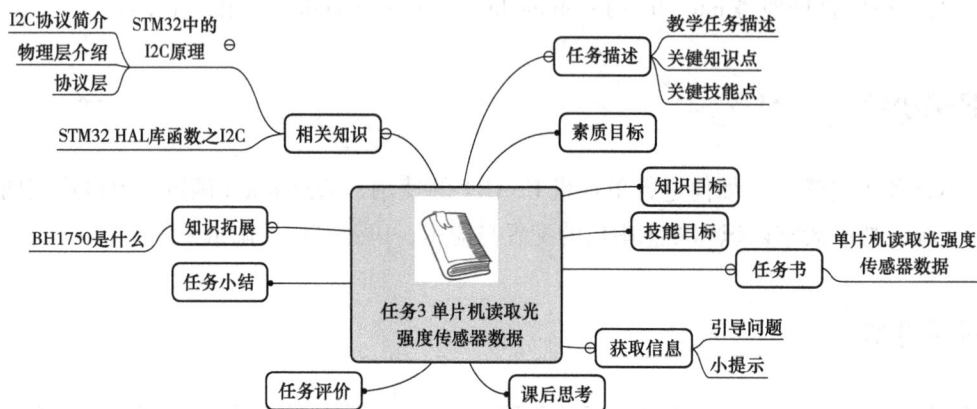

任务描述

（1）教学任务描述：该任务包括对 STM32 单片机的 I2C 的认知，通过读取传感器数据的示范，展示如何完成 I2C 等接口的使用。

（2）关键知识点：I2C 原理及其配置。

（3）关键技能点：驱动程序概念的理解与应用。

知识目标

（1）了解 I2C 的概念。

（2）掌握基于 I2C 协议的设备驱动开发。

（3）掌握小熊派案例扩展板的应用。

技能目标

（1）能够完成 I2C 的原理分析。

（2）能够按照要求进行串口的图形化配置与代码生成。

（3）能够按照要求进行设备驱动的封装与开发。

素质目标

（1）培养查阅官方文档的学习习惯和素养。
（2）培养认真仔细的工作态度。

任务书

在老师的指导下，完成对 STM32 I2C 的认识，并以读取光强度传感器数据为目标，熟悉 I2C 接口使用，由此培养嵌入式开发中对 I2C 等协议的应用能力，如图 2-3-1 所示。

任务单

任务名称	单片机读取光强度传感器数据	
任务目标	使用 STM32CubeMX 配置 STM32L431RCT6 的硬件 I2C 外设读取环境光强度传感器数据（BH1750）	
资源准备	（1）硬件准备： 1）小熊派开发板 2）案例扩展板 （2）软件准备： QCOM 串行接口助手	
操作步骤	（1）硬件准备 （2）创建 Cube 工程 （3）在 MDK 中编写、编译、下载用户代码 （4）编写 BH1750 驱动程序 （5）添加测试代码	
运行结果（可截图）		
评价	分数：	签字：

图 2-3-1　任务单 – 单片机读取光强度传感器数据

引导问题　STM32 USART 和 I2C 的区别是什么？

小 提 示

> 说到两根线的数据传输方式，大家可能会对串口（UART）最熟悉，TX、RX 两根线即可传输数据，常用的达到 115200bls 的速度毫无问题。那么为什么还需要 I2C 这样的同样是两根线的传输方式呢？I2C 能够 1 对多，UART 只能 1 对 1。因此 I2C 又称为 I2C 总线。I2C 接口能够用软件模拟来扩充接口，UART 则不行。I2C 接口带有同步时钟，对时钟稳定性要求远没有 UART 那么高。由此可见，I2C 存在的最大原因在于简单且灵活性高。

相关知识

2.3.1　STM32 中的 I2C 原理

1. I2C 协议简介

（1）I2C 是一种通信协议，由飞利浦（Philips）公司开发。

（2）引脚少（SCL 和 SDA 总线），硬件实现简单，可扩展性强。

（3）分为物理层和协议层。物理层规定通信系统中具有机械、电子功能部分的特性，确保原始数据在物理媒体的传输。

（4）协议层主要规定通信逻辑，统一收发双方的数据打包、解包标准。

2. 物理层介绍

I2C 通信设备之间的常见连接方式，如图 2-3-2 所示。

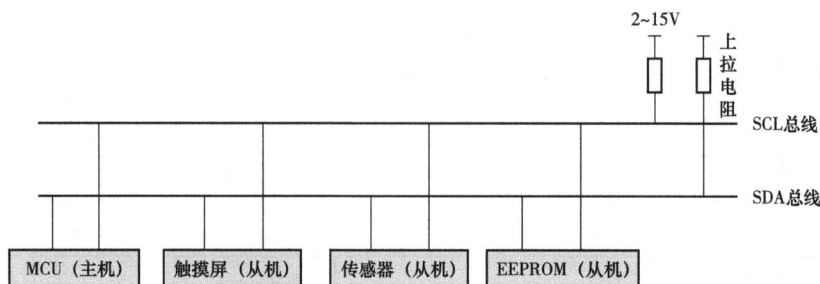

图 2-3-2　I2C 通信设备之间的连接方式

它的物理层有如下特点。

（1）它是一个支持设备的总线。总线，是指多个设备共用的信号线。在一个 I2C 通信总线中，可连接多个 I2C 通信设备，支持多个通信主机及多个通信从机。

（2）一个 I2C 总线只使用两条总线线路，一条双向串行数据线（SDA），一条串行时钟线（SCL）。数据线即用来表示数据传输的线，时钟线则用于表示数据收发同步。

（3）每个连接到总线的设备都有一个独立的地址，主机可以利用这个地址进行不同设备之间的访问。

（4）总线通过上拉电阻接到电源。当 I2C 设备空闲时，会输出高阻态，而当所有设备都空闲，都输出高阻态时，由上拉电阻把总线拉成高电平。

（5）多个主机同时使用总线时，为了防止数据产生冲突，通常会利用仲裁方式决定由哪个设备占用总线。

（6）具有三种传输模式，即标准模式传输速率为 100kbit/s，快速模式为 400kbit/s，高速模式下可达 3.4Mbit/s，但目前大多数 I2C 设备尚不支持高速模式。

（7）连接到相同总线的 IC 数量受到总线的最大电容 400pF 限制。

（8）发送方发送一段数据后，接收方需要回应一个 ACK。这个响应本身只有 1 位 bit，不能携带有效信息，只能表示 2 种意思（要么表示收到数据，即有效响应；要么表示未收到数据，无效响应）。注意，到第 9 个周期的时候，主设备会释放 SDA，即让其变为高电平，从设备会主动拉低 SDA，主设备会读取此时的 SDA。若读取此时的 SDA 为低电平，则表示从设备已经收到刚才发送的信息；若读取此时的 SDA 为高电平，则表示从设备没有收到刚才发送的信息。

（9）接口通过 3 个引脚从外部连接到其他设备。任何 USART 双向通信均需要至少 2 个引脚：接收数据输入引脚（RX）和发送数据输出引脚（TX）。

（10）RX：接收数据输入引脚就是串行数据输入引脚。过采样技术可区分有效输入数据和噪声，从而用于恢复数据。

（11）TX：发送数据输出引脚。如果关闭发送器，该输出引脚模式由其 I/O 端口配置决定。如果使能了发送器但没有待发送的数据，则 TX 引脚处于高电平。在单线和智能卡模式下，该 I/O 用于发送和接收数据（USART 电平下，随后在 SW_RX 上接收数据）。

3. 协议层

I2C 的协议定义了通信的起始和停止信号、数据有效性、响应、仲裁、时钟同步和地址广播。主机向从机读写数据的过程：

（1）写数据。若配置的方向传输位为"写数据"方向，广播完地址，接收到应答信号后，主机开始正式向从机传输数据（DATA），数据包的大小为 8 位，主机每发送完一个字节数据，都要等待从机的应答信号（ACK），重复这个过程，可以向从机传输 N 个数据，这个 N 没有大小限制。当数据传输结束时，主机向从机发送一个停止传输信号（P），表示不再传输数据。

主机写数据到从机

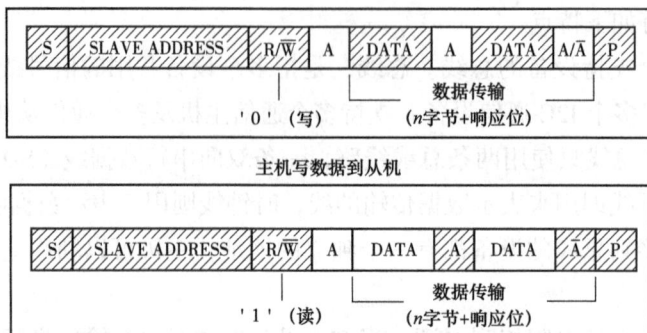

（2）读数据。若配置的方向传输位为"读数据"方向，广播完地址，接收到应答信号后，从机开始向主机返回数据（DATA），数据包大小也为8位，从机每发送完一个数据，都会等待主机的应答信号（ACK），重复这个过程，可以返回 N 个数据，这个 N 也没有大小限制。当主机希望停止接收数据时，就向从机返回一个非应答信号（NACK），则从机自动停止数据传输。

（3）读和写数据。除了基本的读写，I2C 通信更常用的是复合格式，该传输过程有两次起始信号（S）。一般在第一次传输中，主机通过 SLAVE _ADDRESS 寻找到从设备后，发送一段"数据"，这段数据通常用于表示从设备内部的寄存器或存储器地址（注意区分它与 SLAVE_ ADDRESS 的区别）；在第二次传输中，对该地址的内容进行读或写。也就是说，第一次通信是告诉从机读写地址，第二次则是读写的实际内容。

2.3.2 STM32 HAL 库函数之 I2C

（1）HAL_StatusTypeDef HAL_I2C_Init（I2C_HandleTypeDef * hi2c）

I2C 初始化函数使用 CubeMx 生成。需要选中 I2C 硬件指定的 I/O 接口。代码如下。

```
I2C_HandleTypeDef hi2c2;

/* I2C2 init function */
void MX_I2C2_Init(void)
{

hi2c2.Instance = I2C2;
hi2c2.Init.Timing = 0x00707CBB;
hi2c2.Init.OwnAddress1 = 0;
hi2c2.Init.AddressingMode = I2C_ADDRESSINGMODE_7BIT;
hi2c2.Init.DualAddressMode = I2C_DUALADDRESS_DISABLE;
hi2c2.Init.OwnAddress2 = 0;
hi2c2.Init.OwnAddress2Masks = I2C_OA2_NOMASK;
hi2c2.Init.GeneralCallMode = I2C_GENERALCALL_DISABLE;
hi2c2.Init.NoStretchMode = I2C_NOSTRETCH_DISABLE;
if (HAL_I2C_Init(&hi2c2) != HAL_OK)
{

Error_Handler();

}
}
```

（2）void HAL_I2C_MspInit（I2C_HandleTypeDef* i2cHandle）

I2C 的 I/O 接口配置、指定时钟的配置，两个功能的设置如下代码所示。

```
void HAL_I2C_MspInit(I2C_HandleTypeDef* i2cHandle)
{

  GPIO_InitTypeDef GPIO_InitStruct = {0};
  RCC_PeriphCLKInitTypeDef PeriphClkInitStruct = {0};
  if(i2cHandle->Instance==I2C2)
  {
  /* USER CODE BEGIN I2C2_MspInit 0 */

  /* USER CODE END I2C2_MspInit 0 */
  /** Initializes the peripherals clock
  */
    PeriphClkInitStruct.PeriphClockSelection = RCC_PERIPHCLK_I2C2;
    PeriphClkInitStruct.I2c123ClockSelection = RCC_I2C123CLKSOURCE_D2PCLK1;
    if (HAL_RCCEx_PeriphCLKConfig(&PeriphClkInitStruct) != HAL_OK)
    {
      Error_Handler();
    }

    __HAL_RCC_GPIOH_CLK_ENABLE();
    /**I2C2 GPIO Configuration
    PH4     ------> I2C2_SCL
    PH5     ------> I2C2_SDA
    */
    GPIO_InitStruct.Pin = GPIO_PIN_4|GPIO_PIN_5;
    GPIO_InitStruct.Mode = GPIO_MODE_AF_OD;
    GPIO_InitStruct.Pull = GPIO_NOPULL;
    GPIO_InitStruct.Speed = GPIO_SPEED_FREQ_LOW;
    GPIO_InitStruct.Alternate = GPIO_AF4_I2C2;
    HAL_GPIO_Init(GPIOH, &GPIO_InitStruct);

    /* I2C2 clock enable */
    __HAL_RCC_I2C2_CLK_ENABLE();
  /* USER CODE BEGIN I2C2_MspInit 1 */

  /* USER CODE END I2C2_MspInit 1 */
  }
}
```

（3）HAL_StatusTypeDef HAL_I2C_Mem_Write（I2C_HandleTypeDef * hi2c, uint16_t DevAddress, uint16_t MemAddress, uint16_t MemAddSize, uint8_t * pData, uint16_t Size, uint32_t Timeout）

写数据的函数是较重要的函数，具体有如下几种。

1）hi2c：代表 I2C 设备句柄。

2）DevAddress：目标设备地址，此处填写写数据的从机地址加命令（1 字节）。

3）MemAddress：内部存储器地址，寄存器需要写入数据的内部地址。

4）MemAddSize：写入数据的数据类型。

5）pData：数据指针，指向要写入的数据地址。

6）Size：写入数据的大小。

7）Timeout：超时等待时间。

（4）HAL_StatusTypeDef HAL_I2C_Mem_Read（I2C_HandleTypeDef * hi2c, uint16_t DevAddress, uint16_t MemAddress, uint16_t MemAddSize, uint8_t * pData, uint16_t Size, uint32_t Timeout）

读数据函数也是较重要函数，用法同写数据函数。

```
#define ADDR_Write 0xA0
#define ADDR_Read 0xA1

u8 King[5] = {12,13,34,56,67};//写入E2PROM
u8 Arec[5] = {0};//读出内部队数据缓存区

HAL_I2C_Mem_Write(&hi2c2,ADDR_Write,0,I2C_MEMADD_SIZE_8BIT,(u8*)King,5,0xff);
//向设备地址为0XA0的存储器内部地址0开始写入5个数字



HAL_I2C_Mem_Read(&hi2c2,ADDR_Read,0,I2C_MEMADD_SIZE_8BIT,(u8*)Arec,5,0xff);
//从上述设备中读取数据存放到Arec数据数组中
```

知识拓展 📖

2.2.3　BH1750 是什么

BH1750 是一种数字式环境光强度传感器（Digital Light Sensor），也有其他名称，例如 GY-302 传感器、BH1750FVI 传感器等。其工作原理是通过收集光线照射到传感器上的量来测量环境亮度。

使用 I2C 接口，BH1750 可以轻松地接入各种嵌入式系统中，并提供实时的环境光照度数据。其度量范围是 1~65535 lx，测量精度可以达到每个范围 16 位，使其成为许多应用中的理想选择。例如，自动照明控制、日光灯节能控制、智能家居、汽车照明系统和摄影中的曝光控制等。

BH1750（见图 2-3-3）还有一些其他优点。例如，其本身具有非常低的功率消耗（如小于 1μA），这意味着它可以轻松地集成在嵌入式系统中，并且非常适用于电池供电系统；它是一种数字式光强度传感器，相比于模拟式光强度传感器，其抗干扰性能更好；可以一次完成多种测量，如高分辨率的光强测量、低光强测量等。

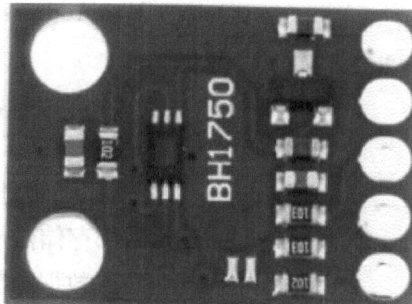

图 2-3-3　BH1750 实物

任务小结

本任务主要学习了如何进行单片机 I2C 总线协议的使用，通过 BH1750 的光照度数据读取任务的实施，帮助大家认识和熟悉 I2C 的配置与应用，以及设备驱动的封装方法。

任务评价

案例	评分项	打分	说明
单片机读取光强度传感器数据任务（学员 / 小组）	STM32CubeMX 配置		
	工程创建		
	KEIL 中 I2C 代码修复		
	BH1750 设备驱动编写与测试		
	展示汇报		
	总分		

课后思考

简答题：
（1）I2C 协议可以用软件来模拟吗？
（2）STM32 HAL 库中对 I2C 协议的支持如何？

任务单 2.1

任务 名称	点亮第一盏灯	
任务 目标	如何使用 STM32CubeMX 快速生成 MDK 的工程，点亮一个 LED	
资源 准备	（1）小熊派开发板 （2）STM32CubeMX （3）MDK KEIL	
操作 步骤	（1）硬件准备 （2）创建 Cube 工程 （3）生成 MDK 工程 （4）在 MDK 中编写、编译、下载用户代码	
运行结果 （可截图）		
评价	分数：	签字：

任务单 2.2

任务 名称	单片机串行接口配置与应用	
任务 目标	如何重定向 printf 输出到串口输出的多种方法，包括调用 MDK 微库（MicroLib）的方法，调用标准库的方法	
资源 准备	（1）硬件准备： 小熊派开发板 （2）软件准备： 串行接口助手	
操作 步骤	（1）重定向原理 （2）在 MDK 中使用 MicroLib 重定向 printf （3）在 MDK 中使用标准库重定向 printf	
运行结果 （可截图）		
评价	分数：	签字：

任务单 2.3

任务名称	单片机读取光强度传感器数据	
任务目标	使用 STM32CubeMX 配置 STM32L431RCT6 的硬件 I2C 外设读取环境光强度传感器数据（BH1750）	
资源准备	（1）硬件准备： 1）小熊派开发板 2）案例扩展板 （2）软件准备： QCOM 串行接口助手	
操作步骤	（1）硬件准备 （2）创建 Cube 工程 （3）在 MDK 中编写、编译、下载用户代码 （4）编写 BH1750 驱动程序 （5）添加测试代码	
运行结果 （可截图）		
评价	分数：	签字：

项目 3
物联网操作系统终端应用

思维导图

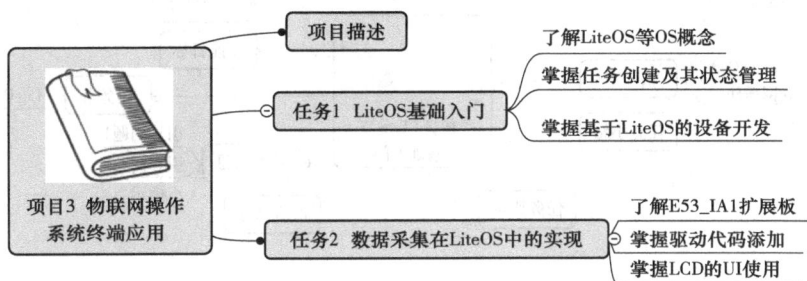

项目3 物联网操作系统终端应用
- 项目描述
- 任务1 LiteOS基础入门
  - 了解LiteOS等OS概念
  - 掌握任务创建及其状态管理
  - 掌握基于LiteOS的设备开发
- 任务2 数据采集在LiteOS中的实现
  - 了解E53_IA1扩展板
  - 掌握驱动代码添加
  - 掌握LCD的UI使用

项目描述

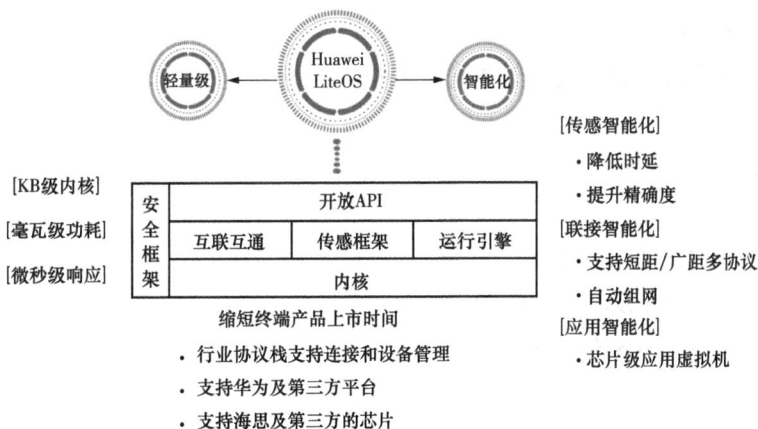

从本章开始，我们由无操作系统的单片机开发正式过渡到有操作系统的阶段。本项目包括 2 个独立的任务，任务 1 指导学员做 LiteOS 的基础案例任务，任务 2 是基于 LiteOS 实现对环境数据的采集，为后续项目打下基础。

3.1 任务 1 LiteOS 基础入门

思维导图

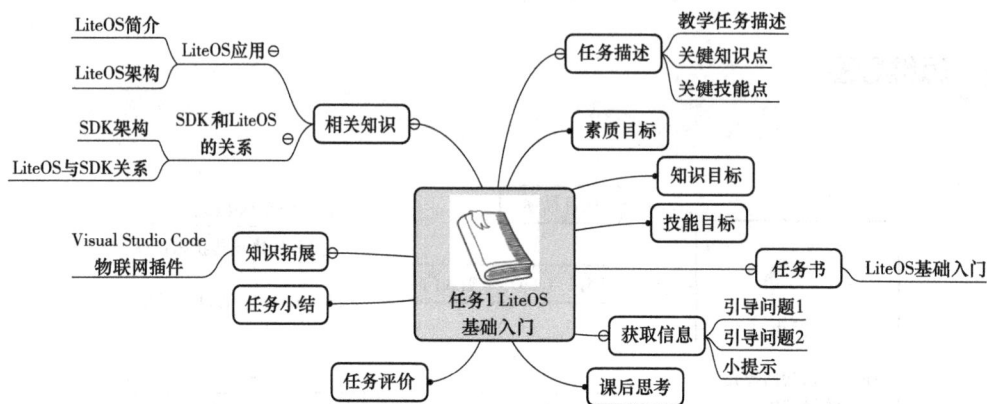

任务描述

（1）教学任务描述：该任务包括对华为 LiteOS 的认知，通过对多任务、小熊派板载 LED 和 LCD 的设备操作的示范，展示如何基于 LiteOS 实现智慧路灯的设备侧开发。

（2）关键知识点：多任务。

（3）关键技能点：信号量等任务同步机制。

知识目标

（1）了解 LiteOS 等 OS 概念。

（2）掌握任务创建及其状态管理。

（3）掌握基于 LiteOS 的设备开发。

技能目标

（1）能够完成 LiteOS 内多任务的原理分析。

（2）能够按照要求进行基于 LiteOS 的设备开发。

素质目标

（1）培养系统管理的素养。

（2）培养认真的工作态度。

任 务 书

在老师的指导下，完成对 LiteOS 的认识，并以基础案例为目标，熟悉有 OS 的嵌入式开发与裸机工程的区别，由此培养嵌入式系统集成与开发的能力，如图 3-1-1 所示。

任务单

任务 名称	LiteOS 基础入门	
任务 目标	（1）LiteOS 多任务使用 （2）小熊派主板 LCD 设备使用 （3）小熊派主板 LED 与按键操作	
资源 准备	（1）硬件准备： 1）小熊派开发板 2）案例扩展板 （2）软件准备： 1）Visual Code +IoT lLink 2）SSCOM 串行接口工具	
操作 步骤	（1）硬件准备 （2）软件安装 （3）创建 Hello World 工程 （4）多任务实验 （5）LCD 实验 （6）板载 LED 灯闪烁	
运行结果 （可截图）		
评价	分数：	签字：

图 3-1-1 任务单 – 点灯

获取信息

引导问题1 如何在小熊派上使用 LiteOS 开发呢（见图 3-1-2）？

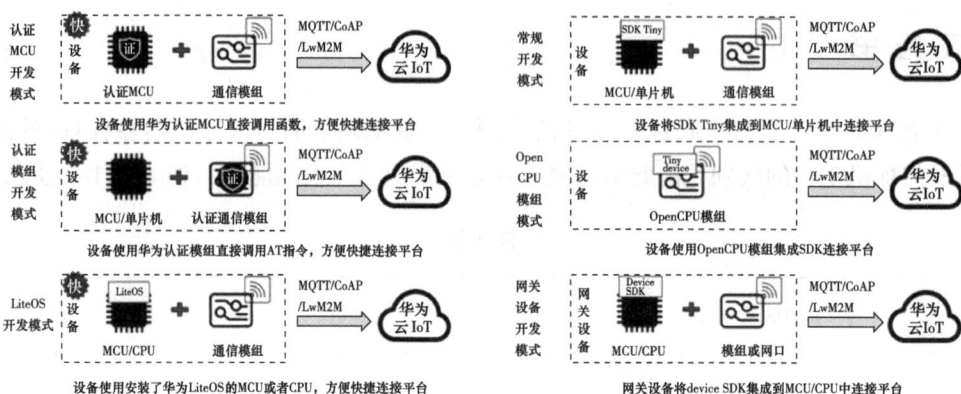

图 3-1-2 不同的开发模式

小提示

设备使用安装了华为 LiteOS 的 MCU 或者 CPU，方便快捷连接平台。设备运行在 LiteOS 中，通过 LiteOS 对 MCU 进行资源管理，同时 LiteOS 内置了 IoT Device SDK Tiny，可以通过调用函数连接华为云物联网（Internet of Things, IoT）。LiteOS 开发模式的设备开发耗时更短，开发难度也低。适用于无操作系统，无须管理子设备的直连设备。

引导问题2 Huwei IoT Link SDK 是什么？

小提示

Huawei IoT link SDK（简称 SDK）是部署在具备广域网能力、对功耗、计算资源有严格限制的终端设备上的轻量级互联互通中间件，只需调用 API 接口，便可实现设备快速接入物联网平台，以及数据上报和命令接收等功能。

相关知识 📖

3.1.1　LiteOS 应用

1. LiteOS 简介

Huawei LiteOS 是华为面向 IoT 领域，构建的轻量级物联网操作系统（Operating System，OS），以轻量级低功耗、快速启动、互联互通、安全等关键能力，为开发者提供一站式完整软件平台，有效降低开发门槛、缩短开发周期。

2. LiteOS 架构

LiteOS 架构如图 3-1-3 所示。

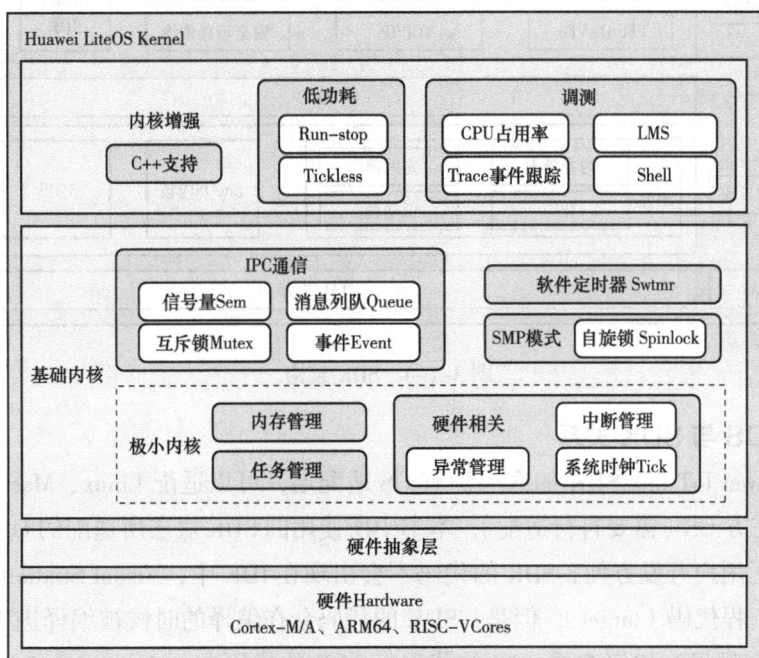

图 3-1-3　LiteOS 架构

3.1.2　SDK 和 LiteOS 的关系

1. SDK 架构

SDK 提供端云协同能力，集成了 MQTT、LwM2M、CoAP、mbedtls、LwIP 全套 IoT 互联互通协议栈，且在这些协议栈的基础上，提供了开放 API，用户只需关注自身的应用，而不必关注协议内部实现细节，直接使用 SDK 封装的 API，通过连接、数据上报、命令接收和断开四个步骤就能简单、快速地实现与华为物联网云平台的安全、可靠连接。使用 SDK，用户可以大量减少开发周期，聚焦自己的业务开发，快速构建自己的产品。

SDK 架构如图 3-1-4 所示。

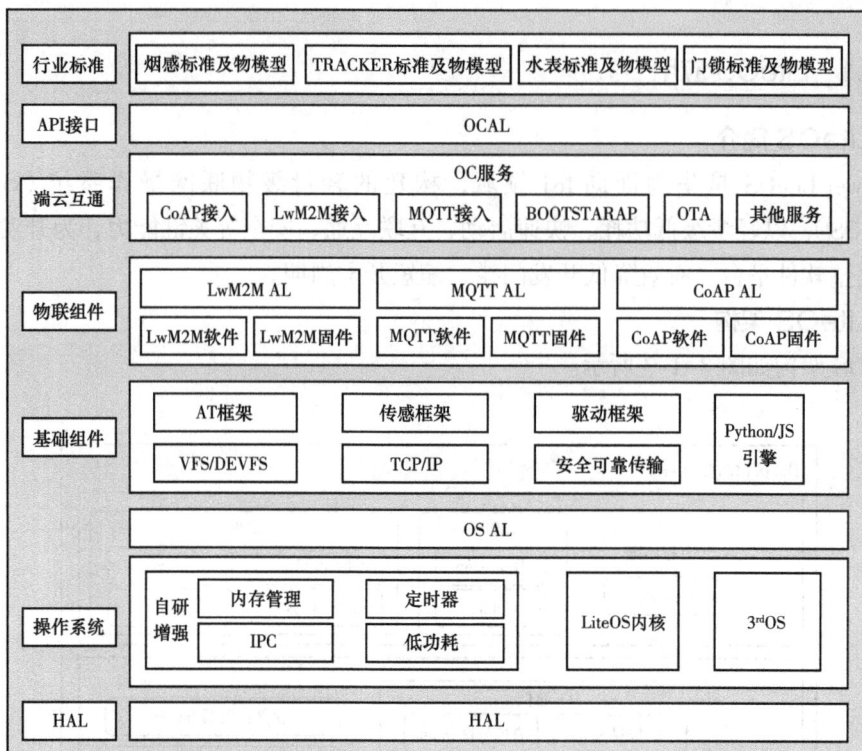

图 3-1-4　SDK 架构

2. LiteOS 与 SDK 关系

（1）Huawei IoT link SDK 的底层拥有 OS 适配层，可以适配 Linux、MacOS、LiteOS，以及其他第三方 OS（需要自行适配），本书中所使用的 SDK 底层所适配的 OS 是 LiteOS。

（2）为了用户开发方便，SDK 的代码不会出现在 IDE 中，Visual Studio Code 中只有用户的目标工程代码（target），但是，SDK 的代码会在编译的时候被编译进工程。那么，SDK 的代码在哪里？如何查看 SDK 的代码？ SDK 的代码在 C:\Users\Administrator\.icode\sdk\IoT_LINK_1.0.0 目录下，其中 Administrator 是管理员的用户名，在实际情况中会是当前用户的名称，SDK 的代码较多，所以建议使用 VS Code 直接打开 IoT_LINK_1.0.0 文件夹查看。

知识拓展　📖

3.1.3　Visual Studio Code 物联网插件

（1）在 HUAWEI LIteOS 开发时，可以利用 Visual Studio Code 安装插件进行工程的创建、剪辑、编辑及调试，Iot-link 提供了编译、烧录、调试等一站式开发体验，支持 C、

C++、汇编等多种开发语言，实现快速、高效的物联网开发。因为 Visual Studio Code 的社区版是微软免费授权的软件，不用像使用 MDK 一样进行注册、付费，企业使用时也减少了一笔知识产权的维护费用。

（2）Visual Studio Code 社区版，可以到 visualstudio 官网进行下载（选择合适的系统版本进行下载），需要安装一些使用到的扩展插件。

（3）将 Visual Studio Code 安装好后，必要安装组件 IoT Link 可在应用商店里进行搜索安装；因为该插件依赖 C/C++ 运行，所以需要（如果未安装会自动安装）ms-vscode.cpptools。

（4）建议组件选择简称中文版［Chinese（simplified）Language pack for Visual Studio Code］，毕竟中文菜单更容易适应。

任务小结

本任务主要学习了如何进行 LiteOS 开发单片机的入门案例，通过对开发板上简单任务的实施，帮助大家认识和熟悉基于物联网操作系统的开发方法。

任务评价

案例	评分项	打分	说明
LiteOS 入门案例（学员 / 小组）	Visual Code 安装		
	IoT Link 插件下载		
	多任务运行		
	LED 灯实验		
	LCD 实验		
	总分		

课后思考

简答题：

（1）LiteOS 对小熊派的支持资源有哪些?

（2）简述任务间同步或异步通信的方式。

3.2 任务 2 数据采集在 LiteOS 中的实现

思维导图

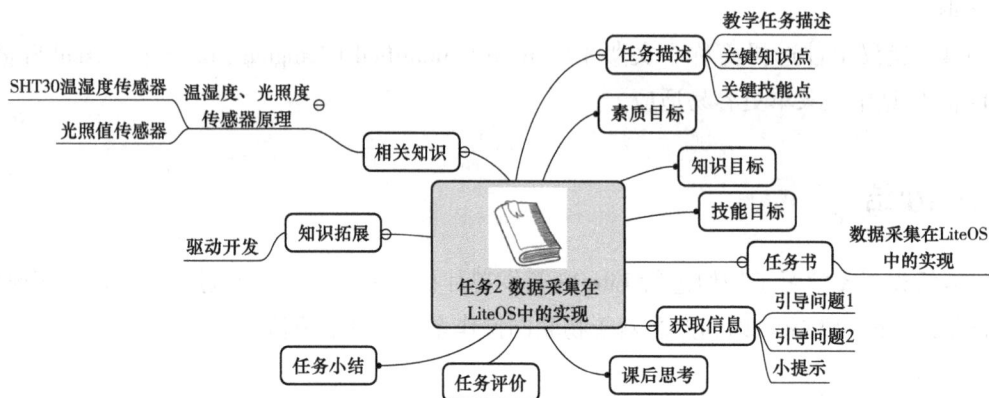

任务描述

（1）教学任务描述：该任务包括对小熊派 LiteOS 开发的学习，通过案例扩展与主板间的对接，展示如何完成 LiteOS 中对案例扩展板的集成，奠定设备本地分析和后续设备上云的基础。

（2）关键知识点：案例扩展板原理及其集成。

（3）关键技能点：扩展板驱动开发与应用。

知识目标

（1）了解 E53_IA1 扩展板。

（2）掌握驱动代码添加的方法。

（3）掌握 LCD 的 UI 使用。

技能目标

（1）能够完成 E53_IA1 的原理分析。

（2）能够按照要求进行扩展板集成。

素质目标

（1）培养与客户沟通与交流的素养。

（2）培养认真的工作态度。

任务书

在老师的指导下，完成对小熊派 LiteOS 开发的学习，并以 LiteOS 中传感器数据的采集与分析为目标，熟悉 LiteOS 接口使用，由此培养设备端集成开发的能力，如图 3-2-1 所示。

任务单

任务名称	数据采集在 LiteOS 中的实现
任务目标	LiteOS 中传感器数据的采集与分析
资源准备	（1）硬件准备： 1）小熊派开发板 2）案例扩展板 E53_IA1 （2）软件准备： Visual Code +IoT lLink
操作步骤	（1）硬件准备 （2）导入资源包里的工程 （3）添加与修改对应采集代码： 1）添加驱动 2）添加上层业务代码 （4）编译并下载运行

图 3-2-1　任务单 - 数据采集在 LiteOS 中的实现

获取信息 ✍

引导问题 1 简述扩展板 E53 名称的由来。

小 提 示 💬

E53 接口标准为"物联网俱乐部"联合国内多家开发板厂家制定的物联网案例标准，E53 接口的 E 取自扩展（Expansion）的英文首字母，板子的尺寸为 5cm×3cm，故采用 E53 作为前缀来命名尺寸为 5 cm×3cm 类型的案例扩展板，任何一款满足标准设计的开发板均可直接适配 E53 扩展板。

引导问题 2 E53_IA1 扩展板有哪些资源？

小 提 示 💬

E53_IA1 扩展板采用了 E53 标准接口，包含一个补光灯，一个 BH1750 光照强度传感器，一个小的贴片电动机，一个温 / 湿度传感器 SHT30，一个其中补光灯和贴片电动机使用普通 GPIO 控制，BH1750 和 SHT30 使用 I2C 接口通信。

相关知识 📓

3.2.1 温 / 湿度、光照度传感器原理

1. SHT30 温 / 湿度传感器

SHT30 温 / 湿度传感器是一个完全校准的、现行的、带有温度补偿的数字输出型传感器，具有 2.4~5.5V 的宽电压支持，使用 I2C 接口进行通信，最高速率可达 1Mbitls 并且有两个用户可选地址，除此之外，它还具有 8 个引脚的 DFN 超小封装，SHT30 温 / 湿度传感器实物图如图 3-2-2 所示。

SHT30 的原理图如图 3-2-3 所示。

2. 光照度传感器

光照度传感器是一种基于光电效应原理的传感器，它主要用来检测周围光线的强度和光照度。它可以测量一定范围内的光线强度，从而判断环境光的强度，使得智能设备能够根据环境光线的强度来做出相应的反应。

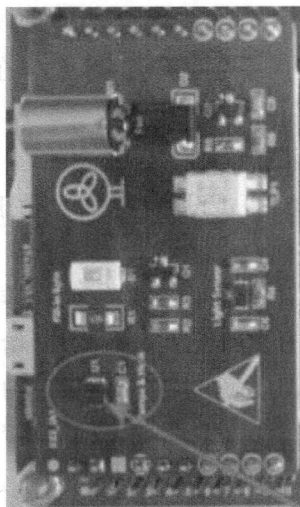

图 3-2-2　SHT30 温 / 湿度传感器实物图

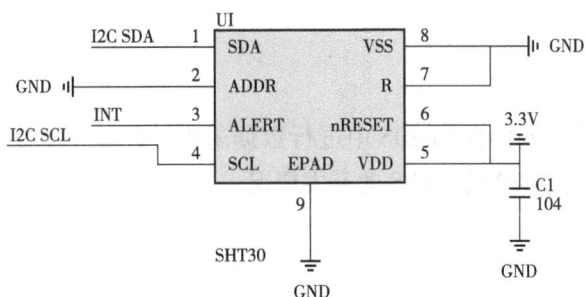

图 3-2-3　SHT30 原理图

　　光照度传感器的工作原理基于光电效应。当光线射向光照度传感器的表面时，光线引起光敏电阻阻值的变化。这个变化会被转化成电信号并被发送到处理器进行分析。

　　光照度传感器的构成主要包括光电传感器、滤光器等部分。光电传感器是一种可以将光线转化为电信号的器件，它的灵敏度和响应速度决定了传感器的性能。而滤光器则用于过滤光线中的杂质，使得传感器能够更加准确地读取光线的强度。

知识拓展　📖

3.2.2　驱动开发

1. 嵌入式驱动程序的简介

　　在嵌入式产品的设计、开发过程中，首先需要硬件的支持，绝大多数的嵌入式硬件都需要某种类型的软件来初始化和管理，该类软件直接与硬件相接并控制着硬件，以便很好地与硬件相协同，完成相关功能。

总而言之，驱动程序是初始化硬件的软件库，管理着来自上层软件对硬件的访问。是硬件和操作系统、中间件和应用层之间连接的关键。在嵌入软件开发中有着不可替代的地位。

2. 开发嵌入式驱动程序所面临的挑战

首先，驱动程序是由程序设计人员设计开发的，由于存在多方面的问题，驱动程序的开发面临许多挑战。具体如下：

（1）市面上硬件种类很多，不同类型的硬件有着不同的设备驱动需求。使得驱动程序开发需求较多，加上驱动程序开发的繁琐、复杂性，给开发人员增加了开发难度。

（2）设备驱动程序通常被认为是面向特定体系结构的，要不它就是通用的。在这一点上，开发的驱动代码不可能完全相同，针对不同的体系结构，不同的板载硬件，都需要进行相关的配置或者增减部分代码，才能使驱动程序适用于具体环境。加上硬件的多样性，使得驱动开发人员需要编写设计更多的代码来进行功能完善，才能在特定的环境下使用驱动程序。

任务小结

本任务主要学习了如何在 LiteOS 中进行数据采集，通过环境数据采集任务的实施，帮助大家认识和熟悉 STM32 的 RTOS 的开发概况。

任务评价

案例	评分项	打分	说明
数据采集在 LiteOS 中的实现任务（学员/小组）	VS Code 的使用与工程的导入		
	驱动源码的移植		
	结果运行		
	展示汇报		
	总分		

课后思考

简答题：

（1）Makefile 的作用是什么？

（2）嵌入式驱动开发在 STM32 中如何体现？

任务单 3.1

任务 名称	LiteOS 基础入门	
任务 目标	（1）LiteOS 多任务使用 （2）小熊派主板 LCD 设备使用 （3）小熊派主板 LED 与按键操作	
资源 准备	（1）硬件准备： 1）小熊派开发板 2）案例扩展板 （2）软件准备： 1）Visual Code +IoT lLink 2）SSCOM 串行接口工具	
操作 步骤	（1）硬件准备 （2）软件安装 （3）创建 Hello World 工程 （4）多任务实验 （5）LCD 实验 （6）板载 LED 灯闪烁	
运行结果 （可截图）		
评价	分数：	签字：

任务单 3.2

任务名称	数据采集在 LiteOS 中的实现
任务目标	LiteOS 中传感器数据的采集与分析
资源准备	（1）硬件准备： 1）小熊派开发板 2）案例扩展板 E53_IA1 （2）软件准备： Visual Code +IoT lLink
操作步骤	（1）硬件准备：

操作步骤	（2）在 VS Code 中创建基于小熊派的初始工程。 （3）添加驱动文件路径： 1）基于 I2C 驱动的 E53_IA1 驱动文件 E53_IA1.c 添加到 HARDWARE_SRC 中 2）将基于 I2C 驱动的 E53_IA1 驱动文件 E53_IA1 添加到 HARDWARE_INC 中 （4）E53_IA1 裸机驱动的使用： 1）创建一个文件夹，用于存放本系列教程实验的代码，然后在该文件夹中创建一个 e53_ia1_driver_demo.c 文件 2）编写代码 3）按照之前的方法，在 user_demo.mk 中将 e51_ia1_driver_demo.c 文件添加到 makefile 中，并加入编译 4）在 .config 中配置开启宏定义 （5）编译、烧录、观察实验现象
运行结果 （可截图）	
评价	分数：　　　　　　　　　　　　　　　　　　　签字：

项目 4
传感器网络与通信

思维导图

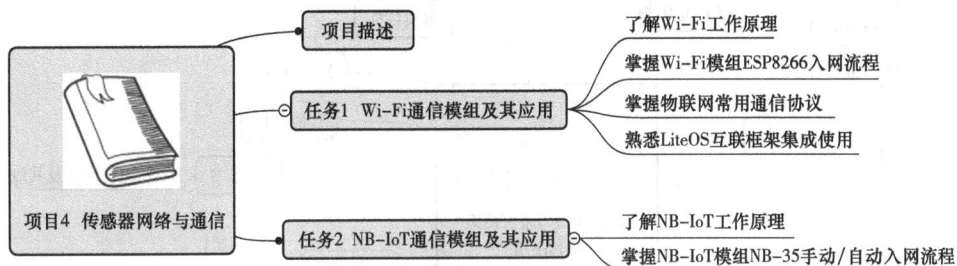

项目4 传感器网络与通信
- 项目描述
- 任务1 Wi-Fi通信模组及其应用
  - 了解Wi-Fi工作原理
  - 掌握Wi-Fi模组ESP8266入网流程
  - 掌握物联网常用通信协议
  - 熟悉LiteOS互联框架集成使用
- 任务2 NB-IoT通信模组及其应用
  - 了解NB-IoT工作原理
  - 掌握NB-IoT模组NB-35手动/自动入网流程

项目描述

当实现设备侧对数据的收集后，要面临数据上云的问题，那么如何选取合适的网络进行传输，是需要根据具体情况考虑的，本项目通过常见的 Wi-Fi 技术和华为自研的 NB-IoT 技术实现传感器数据的通信，并且都是在基于华为 LiteOS 操作系统的基础上进行的。不同网络通信技术对比如图 4-1 所示。

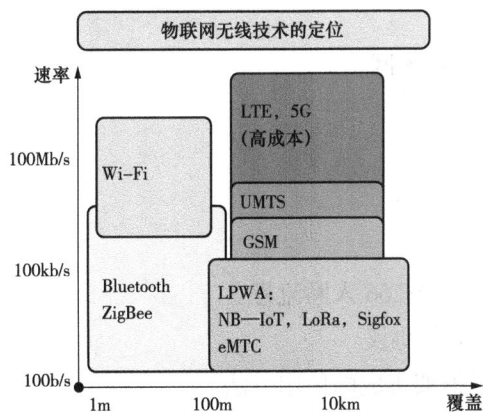

本项目包括 2 个独立的任务：任务 1 指导学员完成基于 LiteOS 的 Wi-Fi 组网和上云；任务 2 是基于 LiteOS 的 NB 组网和上云任务的实现。

4.1　任务 1　Wi-Fi 通信模组及其应用

思维导图

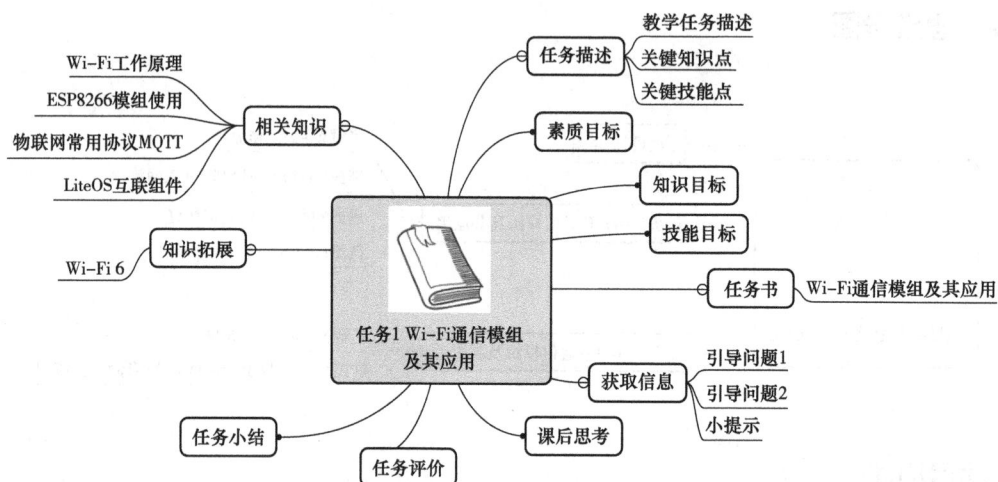

任务描述

（1）教学任务描述：Wi-Fi 网络原理介绍及模组的入网流程，最后在小熊派上与 STM32 单片机集成完成入网的功能。

（2）关键知识点：Wi-Fi 工作模式及其模组 ESP8266 入网学习，物联网常用协议，LiteOS 互联框架集成使用。

（3）关键技能点：Wi-Fi 入网。

知识目标

（1）了解 Wi-Fi 工作原理。

（2）掌握 Wi-Fi 模组 ESP8266 入网流程。

（3）掌握物联网常用通信协议。

（4）熟悉 LiteOS 互联框架集成的使用方法。

技能目标 ⚒

（1）能够使用 AT（Attention）命令完成 ESP8266 入网操作。
（2）能够按照要求在 LiteOS 中对接 ESP8266 完成传感器数据的云端发送。
（3）能够理解并选择对应的物联网协议完成数据的封装。

素质目标 ✍

（1）培养实事求是的工作态度。
（2）培养协作开发的团队意识与积极的分享精神。

任务书 📖

在已有软硬件资源基础上，展开对 Wi-Fi 网络原理的讨论和学习，完成 ESP8266 入网的 AT 操作，并按照系统方案实现小熊派上 STM32 单片机与 ESP8266 模组的对接，从而实现本地数据的上云，由此培养一定的传感器节点组网操作能力，如图 4-1-1 所示。

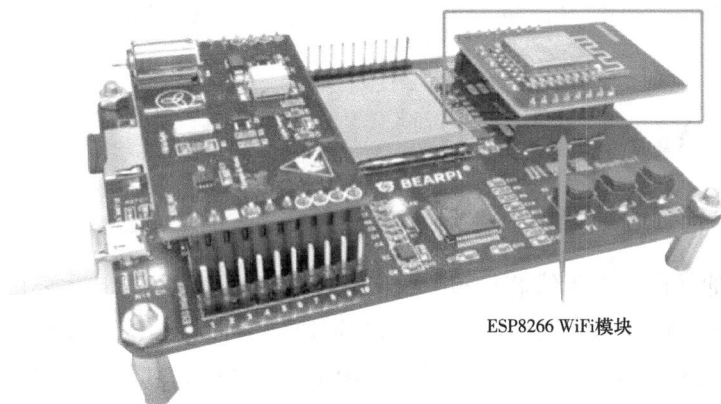

图 4-1-1　小熊派与 ESP8266 Wi-Fi 模块

获取信息 ✍

引导问题 1　如何在众多网络技术中选择合适的网络是需要根据通信距离、速率、成本和功耗等综合因素做出决策的，请大家分析 Wi-Fi 通信有哪些特点？

小 提 示

Wi-Fi（Wireless Fidelity），无线保真技术，又称802.11b标准，与蓝牙技术一样，同属于在办公室和家庭中使用的短距离无线传输技术。该技术遵循IEEE所制定的802.11x系列标准，主要有三个标准：较少人使用的802.11a、低速的802.11b和高速的802.11g。尽管Wi-Fi技术也存在着如兼容性、安全性等方面的问题，不过它也凭借着自身的优势，如传输速率较大，可以达到11Mb/s，有效传输距离也很长，受到厂商的青睐，成为主流无线传输技术。

引导问题2 为什么要有通信模组，它与LiteOS如何进行对接？

小 提 示

ESP8266模组既可以通过ESP-AT指令固件，为外部主机MCU提供Wi-Fi连接功能；也可以作为独立Wi-Fi MCU运行，用户通过基于RTOS（如LiteOS等）的SDK开发带Wi-Fi连接功能的产品。用户可以轻松实现开箱即用的云连接、低功耗运行模式，以及包括WPA3在内的Wi-Fi安全支持等功能。

相关知识

4.1.1 Wi-Fi工作原理

Wi-Fi模块通常由一个无线芯片和一个微处理器组成。无线芯片主要用于无线信号的发送和接收，而微处理器则负责控制Wi-Fi模块的各种功能。Wi-Fi模块的无线芯片通过无线电波发送和接收数据。它使用特定的频率和信道来与其他设备进行通信。当数据被发送时，无线芯片将其转换为数字信号，并通过天线将其发送到接收器。接收器将接收到的信号转换为数字信号，并将其传输到微处理器中。微处理器根据需要进行解码、解密和其他操作，并将数据传输到设备的操作系统中。

Wi-Fi模块通常有三种工作模式，分别是STA模式、AP模式和STA+AP模式。

1. STA模式

STA模式是较基本的Wi-Fi模块工作模式。在STA模式下，Wi-Fi模块作为客户端连接到无线网络，并通过无线网络与其他设备进行通信。当连接到无线网络后，Wi-Fi模块可以通过HTTP、FTP和其他协议进行数据传输。

2. AP 模式

AP 模式是一种将 Wi-Fi 模块转换为无线路由器的工作模式。在 AP 模式下，Wi-Fi 模块可以将无线信号发送到其他设备，充当无线局域网的访问点。其他设备可以通过连接到 Wi-Fi 模块的无线信号来连接互联网。

3. STA+AP 模式

STA+AP 模式（见图 4-1-2）是一种混合模式，允许 Wi-Fi 模块同时作为客户端和访问点。在 STA+AP 模式下，Wi-Fi 模块可以连接到无线网络，并将其他设备连接到自己的访问点上，以提供 Internet 连接和数据传输服务。

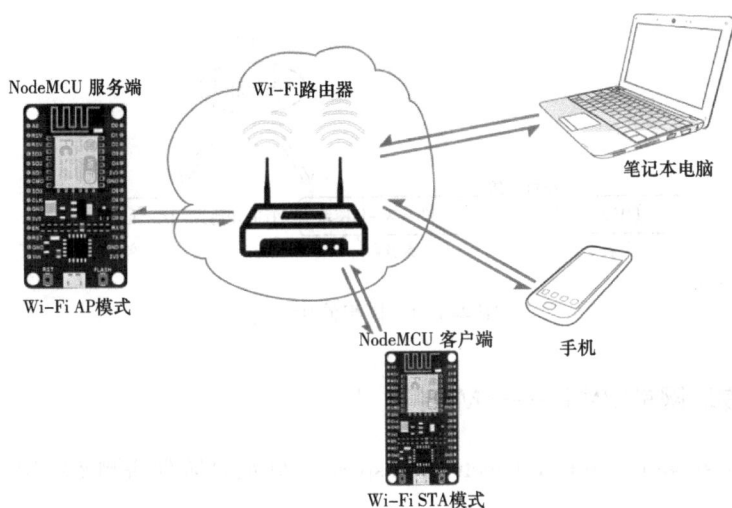

图 4-1-2　AP/STA 模式

小　提　示

Wi-Fi 谁发明的？

Wi-Fi，是一种可以将个人电脑、手持设备等终端以无线方式互相连接的技术，由澳洲政府的研究机构 CSIRO 在 20 世纪 90 年代发明的，发明人是 JohnO'Sullivan，被媒体称为"Wi-Fi 之父"。

4.1.2　ESP8266 模组使用

ESP8266 是一款高性能的 Wi-Fi 串口模块，内部集成 MCU 能实现单片机之间的串口通信，是目前使用较广泛的一种 Wi-Fi 模块。可以简单理解为一个 Wi-Fi 转串口的设备，不用知道太多 Wi-Fi 相关知识，只需要知道串口怎么使用就可以。

ESP8266 系列一般具有两种开发方式，即 AT 指令开发和 SDK 开发。

1. AT 指令

厂家出厂时预先在 ESP8266 芯片烧入好固件，封装好 Wi-Fi 的协议栈，内部已经实现透传，而用户只需要使用一个 USB 转 TTL 的模块或者单片机的串口就能实现与 Wi-Fi 模块的通信，发送 AT 指令来对 Wi-Fi 模块进行控制（和蓝牙透传模块类似）。

2. SDK 开发

由于 ESP8266 本身即是可编程的芯片，可以把它视为一个带有无线通信的单片机，而用户需要在专门的 IDE 中编写对应的程序，然后通过烧写固件的方式将程序写入芯片中，因此，想要实现 Wi-Fi 通信，需要自定义 Wi-Fi 协议栈，对用户掌握的相关知识要求更高。模组使用示意如图 4-1-3 所示。

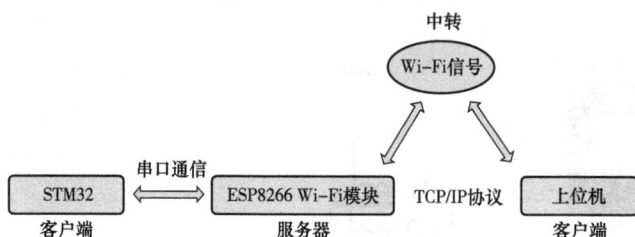

图 4-1-3　模组使用示意

4.1.3　物联网常用协议——MQTT

MQTT（Message Queuing Telemetry Transport），即消息队列遥测传输协议，是基于发布/订阅的消息协议。

MQTT 是一个基于客户端—服务器的消息发布/订阅传输协议。MQTT 协议是轻量、简单、开放和易于实现的，这些特点使它的适用范围非常广泛。在很多情况下，包括受限的环境中，如机器与机器（M2M）通信和物联网（IoT）。其在通过卫星链路通信传感器、偶尔拨号的医疗设备、智能家居及一些小型化设备中已广泛使用。

MQTT 协议是为大量计算能力有限且工作在低带宽、不可靠的网络的远程传感器和控制设备通信而设计的协议，它具有以下主要特性：

（1）使用发布/订阅消息模式，提供一对多的消息发布，解除应用程序耦合。

（2）对负载内容屏蔽的消息传输。

（3）使用 TCP/IP 提供网络连接。

（4）有 3 种消息发布服务质量。

（5）小型传输，开销很小（固定长度的头部是 2 B），协议交换最小化，以降低网络流量。

（6）使用 Last Will 和 Testament 特性通知有关各方客户端异常中断的机制。MQTT 模型示意如图 4-1-4 所示。

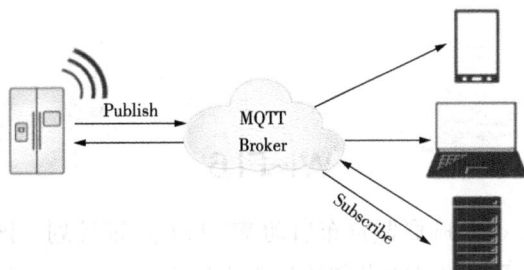

图 4-1-4　MQTT 模型示意

4.1.4　LiteOS 互联组件

LiteOS SDK 端互联组件是终端对接到 IOT 云平台的重要组成，其集成了 LwM2M、CoAP、MQTT、LwIP 等全套 IOT 互联互通协议栈，极大地缩短了开发周期，快速上云，如图 4-1-5 所示。

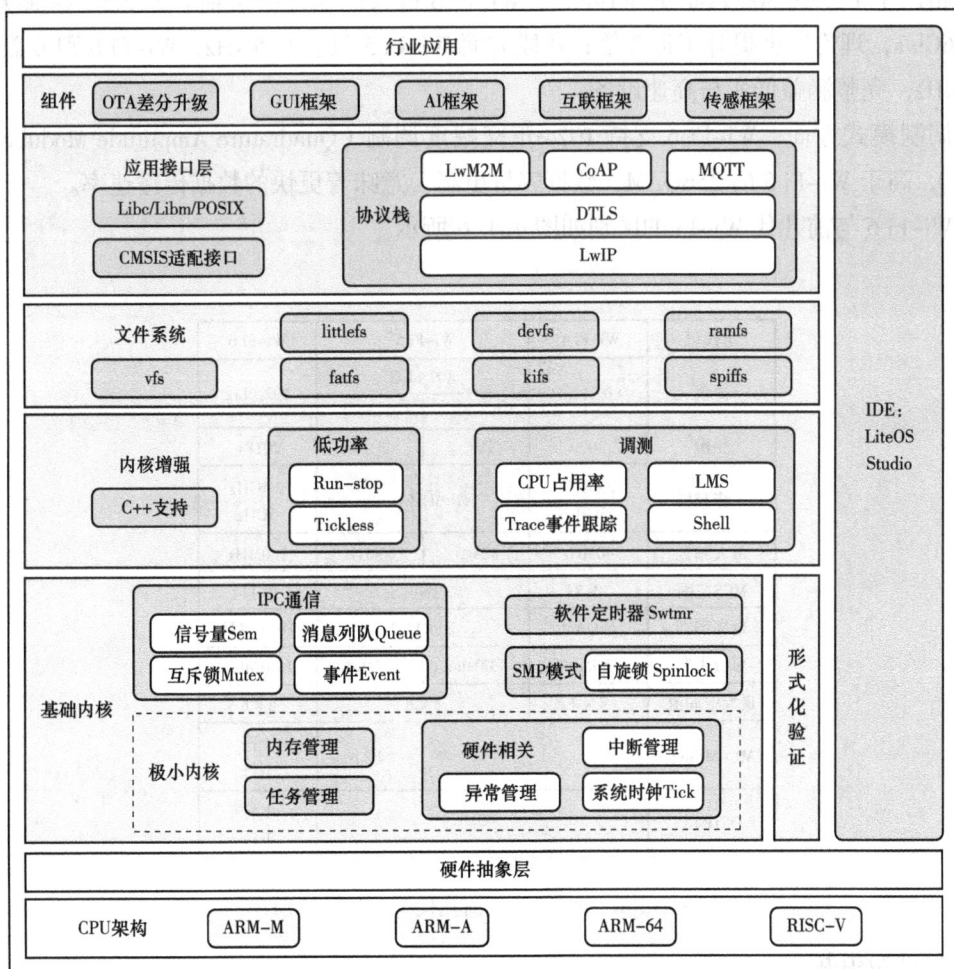

图 4-1-5　LiteOS 互联组件框图

知识拓展 📖

Wi-Fi 6

2019 年 9 月 16 日，Wi-Fi 联盟宣布启动 Wi-Fi 6 认证计划，该计划旨在使采用下一代 802.11ax Wi-Fi 无线通信技术的设备达到既定标准。Wi-Fi 6 拟在 2019 年秋季获得国际电气电子工程师协会（Institute of Electrical and Electronics Engineers，IEEE）的批准。

2022 年 1 月，Wi-Fi 联盟宣布了 Wi-Fi 6 第 2 版标准（Wi-Fi 6 Release 2）。Wi-Fi 6 Release 2 改进了上行链路及所有支持频段（2.4、5GHz 和 6GHz）的电源管理，适用于家庭和工作场所的路由器和设备，以及智能家居 IoT 设备。

相比于前几代的 Wi-Fi 技术，新一代 Wi-Fi 6 具有如下特点。

1. 速度更快

相比于上一代 802.11ac 的 Wi-Fi 5，Wi-Fi 6 最大传输速率由前者的 3.5Gb/s 提升到了 9.6Gb/s，理论速度提升了近 3 倍；频段方面 Wi-Fi 5 只涉及 5GHz，Wi-Fi 6 则覆盖 2.4 和 5GHz，完整涵盖低速与高速设备。

调制模式方面，Wi-Fi 6 支持 1024 正交幅度调制（Quadrature Amplitude Modulation，QAM），高于 Wi-Fi 5 的 256QAM，数据容量更高，意味着更快的数据传输速率。

Wi-Fi 6 与前几代 Wi-Fi 的区别如图 4-1-6 所示。

历代记	Wi-Fi 4	Wi-Fi 5		Wi-Fi 6
协议	802.11n	802.11ac		802.11ax
		Wave 1	Wave 2	
年份	2009	2013	2016	2018+
工作频段	2.4GHz 5GHz	5GHz		2.4GHz 5GHz
最大频宽	40MHz	80MHz	160MHz	160MHz
MCS范围	0~7	0~9		0~11
最高调制	64QAM	256QAM		1024QAM
单流带宽	150Mb/s	433Mb/s	867Mb/s	1201Mb/s
最大空间流	4×4	8×8		8×8
MU-MIMO			下行	上行 下行
OFDMA				上行 下行

图 4-1-6　Wi-Fi 6 与前几代 Wi-Fi 的区别

2. 延时更低

Wi-Fi 6 不仅仅是上传下载速率的提升，还大幅度改善了网络拥堵的情况，允许更多的设备连接至无线网络，并拥有一致的高速连接体验，而这主要归功于同时支持上行与下行的 MU–MIMO（多用户多人多出）和 OFDMA 新技术。

Wi–Fi 5 标准支持 MU–MIMO 技术，仅支持下行，只能在下载内容时体验该技术。而 Wi–Fi 6 则同时支持上行与下行 MU–MIMO，这意味着移动设备与无线路由器之间上传与下载数据时都可体验 MU–MIMO，进一步提高了无线网络带宽的利用率。

Wi–Fi 6 最多可支持的空间数据流由 Wi–Fi 5 的 4 条提升至 8 条，也就是可最大支持 8×8MU–MIMO，这也是 Wi–Fi 6 速率大幅提升的重要原因。

Wi–Fi 6 采用了 OFDMA（正交频分多址）技术，它是 Wi–Fi 5 所采用的 OFDM 技术的演进版本，其是一种将 OFDM 和 FDMA 技术结合，在利用 OFDM 对信道进行父载波化后，在部分子载波上加载传输数据的传输技术，允许不同用户共用同一个信道，允许更多设备接入，响应时间更短，传输延时更低。OFDM 技术与 OFDMA 技术的对比如图 4-1-7 所示。

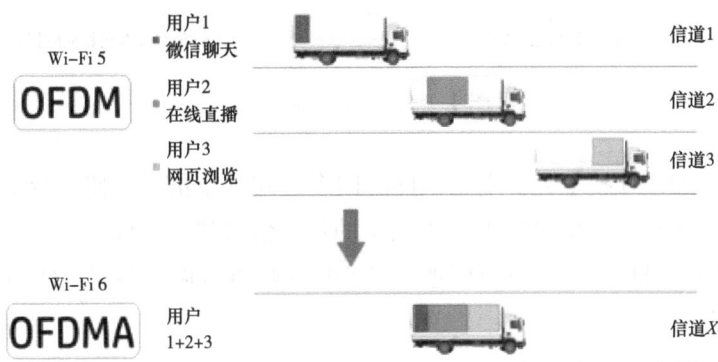

图 4-1-7　OFDM 技术与 OFDMA 技术的对比

此外，Wi–Fi 6 通过 Long DFDM Symbol 发送机制，将每个信号载波发送时间从 Wi–Fi 5 的 3.2μs 提升到 12.8μs，降低丢包率和重传率，使传输更加稳定。远距离或多障碍物传输时，Wi–Fi 的有效覆盖范围如图 4-1-8 所示。

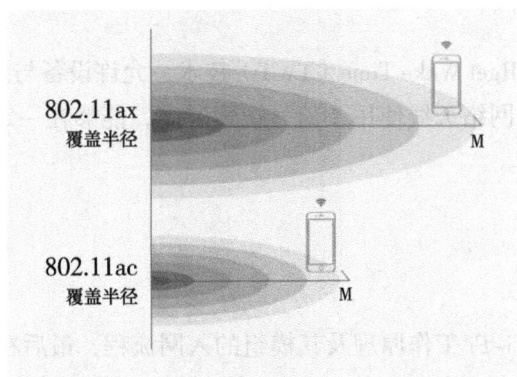

图 4-1-8　远距离或多障碍物传输时，Wi–Fi 的有效覆盖范围

3. 容量更大

Wi-Fi 6引入了BSSColoring着色机制（见图4-1-9），标注接入网络的各设备，同时对其数据也加入对应标签，传输数据时有了对应的地址，直接传输到位而不会发生混乱。

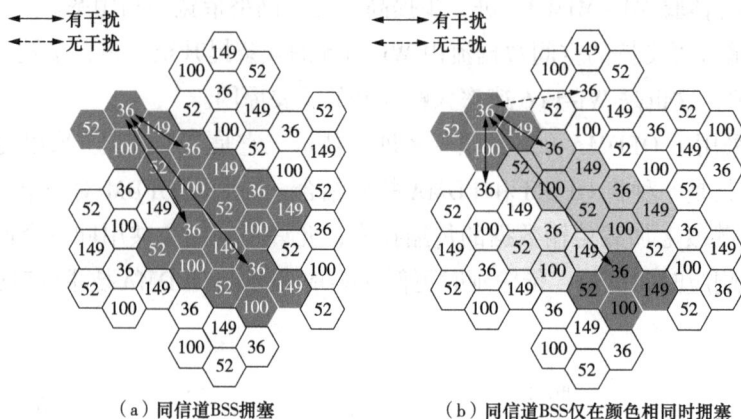

（a）同信道BSS拥塞　　　　　　　（b）同信道BSS仅在颜色相同时拥塞

图 4-1-9　着色机制展示

多用户MU-MIMO技术允许电脑讯网时间多终端共享信道，使多台手机/电脑同时上网，再结合OFDMA技术，Wi-Fi 6网络下的每个信道都可进行高效率数据传输，提升多用户场景下的网络体验，可以更好地满足Wi-Fi热点区域，多用户使用，并且不容易卡顿，容量更大。

4. 更安全

Wi-Fi 6（无线路由器）设备若需要通过Wi-Fi联盟认证，则必须采用WPA 3安全协议，安全性更高。

2018年初，Wi-Fi联盟发布新一代Wi-Fi加密协议WPA 3，它是人们使用广泛的WPA 2协议的升级版本，安全性进一步得到提升，可以更好地阻止强力攻击，暴力破解等。

5. 更省电

Wi-Fi 6引入了TARget Wake Time（TWT）技术，允许设备与无线路由器之间主动规划通信时间，缩短无线网络天线使用及信号搜索时间，能够在一定程度上减少电量的消耗，延长设备续航时间。

任务小结

本任务主要学习Wi-Fi工作原理及其模组的入网流程，最后在LiteOS中实现了单片机与模组的对接和集成，具备了设备上云的条件。

通过本任务的学习，我们已经正式搭建了设备与云端联通的序幕，同时，在物联网协议部分我们也介绍了 Wi-Fi 网络常用的 MQTT 等，当然关于协议本身的优缺点需要我们去深入研究，我们在这里更多的是直接应用。

任务评价

案例	评分项	打分	说明
Wi-Fi 通信模组及其应用任务（学员 / 小组）	ESP8266 介绍		
	串口使用		
	AT 基本测试		
	Wi-Fi 配置 AT 测试		
	TCP 服务器测试		
	总分		

课后思考

简答题

（1）Wi-Fi 工作模式有哪些？如何进行配置？

（2）LiteOS 中互联框架支持哪些协议？

4.2　任务 2　NB-IoT 通信模组及其应用

思维导图

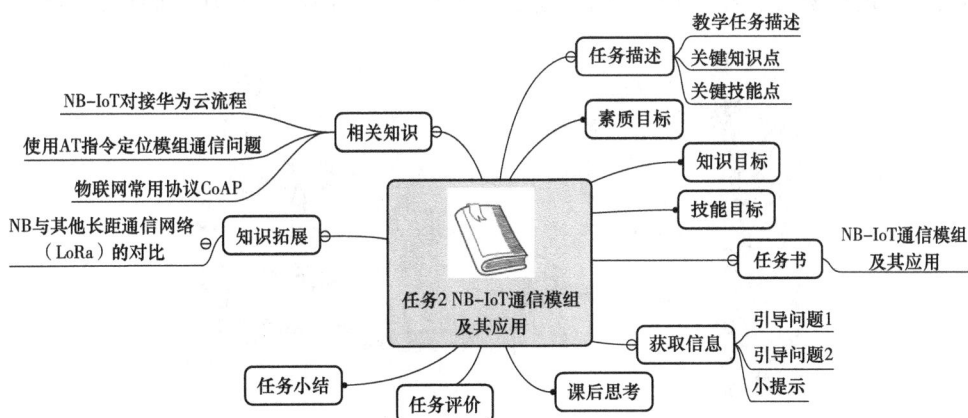

任务描述

（1）教学任务描述：NB-IoT 网络原理介绍及模组的入网流程，最后在小熊派上与 STM32 单片机集成完成入网的功能。

（2）关键知识点：NB-IoT 工作原理及其模组 NB-35 入网流程学习。

（3）关键技能点：NB-IoT 入网。

知识目标

（1）了解 NB-IoT 工作原理。

（2）掌握 NB-IoT 模组 NB-35 手动 / 自动入网流程。

技能目标

（1）能够使用 AT 命令完成 NB-IoT 入网操作。

（2）能够按照要求在 LiteOS 中对接 NB 模组完成传感器数据的云端发送。

素质目标

（1）培养实事求是的态度。

（2）培养协作开发的团队意识与积极的分享精神。

任务书

在已有软硬件资源的基础上，展开对 NB-IoT 网络原理的讨论和学习，完成 NB-35 模组入网的 AT 操作，并按照系统方案实现小熊派上 STM32 单片机与 NB-35 模组的对接，从而实现本地数据的上云，由此培养一定的传感器节点组网操作能力，如图 4-2-1 所示。

图 4-2-1　小熊派与 NB-IoT 模块

获取信息　✍

引导问题 1　NB-IoT 和 4G 网络有关系吗？

小 提 示　💬

窄带物联网与 4G 没有关系，它只是承载在 4G 网络上。可以理解为 4G 只是提供了一个管道和频率资源，NB 是单独的一张网。NB-IoT 是 3GPP R13 提出的一项物联网模式，其可以在 4G 网络（FDD），也可以在 GSM 网络中实现；其是 4G 网络上的一张承载网。NB-IoT 不属于 4G，它构建于蜂窝网络，只消耗大约 180kHz 的带宽，可直接部署于 GSM 网络、UMTS 网络或 LTE 网络，以降低部署成本、实现平滑升级。

引导问题 2　NB-IoT 的优势是什么？

小 提 示　💬

1. 低功耗：由图 4-2-1 可以看出 NB-IoT 模块可以工作在 3 种状态，以便节约功率损耗。在 PSM 模式下最大耗流为 5μA，在 IDLE 模式下大约为 6mA。根据 TR45.820 的仿真数据，5Wh 的电池每天发送 200B 的数据，预计可使用 12.8 年。故可用于开发置于高山荒野偏远地区的设备。

2. 强链接：在同一基站的情况下，NB-IoT 可以比现有无线技术提供 50~100 倍的接入数。这就意味着我们可以在一个不太大的空间，放置更多设备而互相又不会有干扰。

3. 广覆盖：将提供改进的室内覆盖，在同样的频段下，NB-IoT 比现有的网络增益 20dB，相当于提升了 100 倍覆盖区域的能力。对于地下车库、井盖这些需要安装数据采集装置的地方，NB-IoT 更加适用于使用 3G/4G 无线模块或 433MHz 的无线装置的场合。

4. 低成本：无论是模块成本，还是供电、通信运营成本都比其他无线装置便宜。随着 NB-IoT 的发展，单个连接模块的预期价格不超过 5 美元，甚至会低至 2 美元。

相关知识

4.2.1　NB-IoT 对接华为云流程

NB-IoT 对接华为云流程如图 4-2-2 所示。

- 终端上电，执行AT+NRB，复位终端。如果返回OK，表示终端正常运行。
- 执行AT+NTSETID=1，DEVICEID，设置设备ID。设备ID为IMEI号，如果执行成功，则返回OK。
- 执行AT+NCDP=IP，PORT，设置需要对接IoT平台的地址，端口为5683。如果执行成功，则返回OK。
- 执行AT+CFUN=1，打开功能开关。如果执行成功，则返回OK。
- 执行AT+NBAND=频段，设置频段。如果执行成功，则返回OK。
- 执行AT+CGDCONT=1，"IP"" APN"，设置核心网APN。如果执行成功，则返回OK。
- 执行AT+CGATT=1，进行入网。如果执行成功，则返回OK。
- 执行AT+CGPADDR，查询终端是否获取到核心网分配的地址，如果获取到地址，表示终端入网成功。
- 执行AT+NMGS=DATASIZE，DATA，发送上行数据，如果上行数据发送成功，则返回OK。
- 如果IoT平台向终端发送了下行数据，则可以通过AT+NMGR进行获取。

图 4-2-2　入网流程

4.2.2　使用 AT 指令定位模组通信问题

IoT Link 在与物联网平台连接使用时，可使用 AT 指令快速定位模组与云端连通性问题，提高开发效率。本节以"小熊派开发板"为例，介绍如何使用 AT 指令检测通信模组常见问题，如设备无法上线，则数据上报不成功等。

（1）小熊派开发板和电脑已正常连接（确保驱动程序已安装），并将开发板右上角的拨测开关切换到 AT-PC 模式。

（2）单击 VSCode 底部工具栏的 Serial 按钮。

（3）选择（2）中查看的端口号，将波特率设置为 9600，然后单击"打开"按钮，如图 4-2-3 所示。

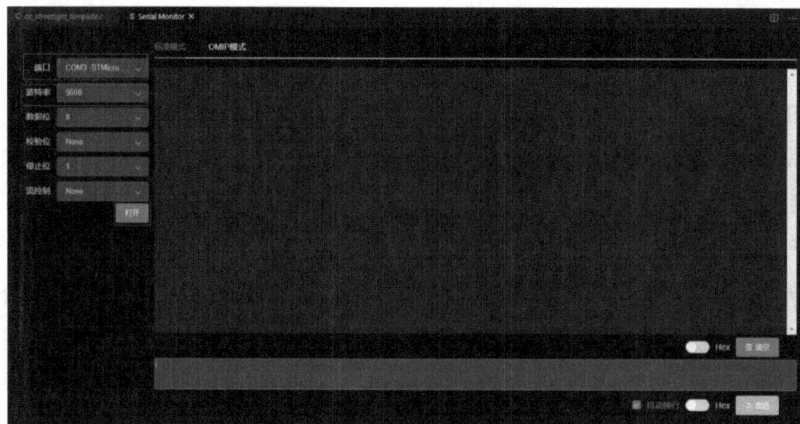

图 4-2-3　串口设置

（4）输入"AT+CGATT?"，然后单击"发送"按钮（见图 4-2-4），若返回"+CGATT:1"，则表示网络附着成功（附着成功代表 NB-IoT 联网正常）；若返回"+CGATT:0"，则表示网络附着失败（附着失败代表 NB-IoT 联网异常），请查看 SIM 卡是否插入正确或联系运营商检查网络状态，如图 4-2-4 所示。

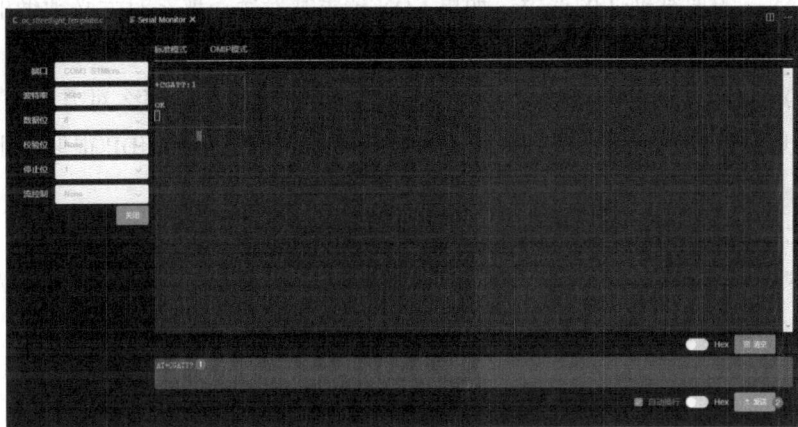

图 4-2-4　网络附着设置

小提示

　　使用 AT 指令检测完模组通信后，请将拨测开关拨到 AT-MCU 模式，以便在完成控制台的开发后将采集到的传感器数据通过通信模组发送到平台。PC 模式是开发板与电脑串口通信，AT 指令读写开发板的状态等数据；MCU 模式是开发板通过模组上插的 SIM 连接网络，实现 NB-IoT 通信。

（5）"AT+CSQ<CR>"指令用于检查网络信号强度和 SIM 卡情况。输入"AT+CSQ<CR>"，然后单击"发送"按钮，返回"+CSQ:**,##"。其中，"**"应在 10~31，数值越大，表明信号质量越好；"##"为误码率，值在 0~99。若返回的值不在这个范围，应检查天线或 SIM 卡是否正确安装。

4.2.3　物联网常用协议——CoAP

1. CoAP 协议特点

CoAP 协议网络传输层由 TCP 改为 UDP。它基于 REST，服务器（Server）的资源地址和互联网一样也有类似 URI 的格式，客户端同样有 POST、GET、PUT、DELETE 方法来访问 server，HTTP 做了简化。CoAP 是二进制格式的，HTTP 是文本格式的，CoAP 比 HTTP 更加紧凑。轻量化，CoAP 最小长度仅 4B，而一个 HTTP 的头则为几十个字节。支持可靠传输，数据重传，块传输。确保数据可靠到达。支持 IP 多播，即可以同时向多个设备发送请求。非长连接通信，适用于低功耗物联网场景。

2. CoAP 消息类型

CoAP 协议有以下 4 种消息类型。

（1）CON：需要被确认的请求，如果 CON 请求被发送，那么对方必须做出响应。这有点像 TCP，对方必须给确认收到消息，用以可靠消息传输。

（2）NON：不需要被确认的请求，如果 NON 请求被发送，那么对方不必做出回应。这适用于消息会重复频繁地发送，丢包不影响正常操作。这个和 UDP 很像。用以不可靠消息传输。

（3）ACK：应答消息，对应的是 CON 消息的应答。

（4）RST：复位消息，可靠传输时接收的消息不认识或错误时，不能回 ACK 消息，必须回 RST 消息。

知识拓展 📖

4.2.4　NB 与其他长距离通信网络（LoRa）的对比

随着物联网的发展，各种物联网技术也随之涌现，其中 NB-IoT 和 LoRa 无线通信技术在物联网领域被广泛应用。我们来对比分析这两者之间通信距离的区别和各自的优缺点。NB-IoT（Narrow Band Internet of Things）是一种窄带物联网技术，它是由 3GPP 制定的一种低功耗、广覆盖、低成本、高连接的无线通信技术。而 LoRa（Long Range）则是一种低功耗、长距离、低速率的无线通信技术。

1. 通信距离的区别

NB-IoT 的通信距离比较远，它在室外环境下能覆盖 10km 左右的范围，在室内环境下覆盖范围则会变小，一般只有几百米。

而 LoRa 的通信距离要比 NB-IoT 更远，它可以在室外的环境覆盖 15km 左右的范围，在室内的环境下也可以覆盖几百米的范围。从通信距离来看，LoRa 技术覆盖范围更远，这也是为什么 LoRa 被广泛应用于智慧城市、智能农业等领域的原因。各种网络通信距离对比如图 4-2-5 所示。

当然，通信距离并不是唯一需要考虑的因素，还需对这两种技术的优缺点进行分析和比较。

2. 技术优缺点对比

（1）NB-IoT。NB-IoT 技术使用的是手机通信基站，具有较高的数据传输速度和通信质量。同时，NB-IoT 技术的安全性能较好，能够保证数据的安全性。但是，NB-IoT 的成本相对较高，而且需要付出较高的设备和运营成本，因此在应用中受到一定的限制。

（2）LoRa 技术。LoRa 技术具有低功耗、长距离、低速率的特点，能够在低功耗的

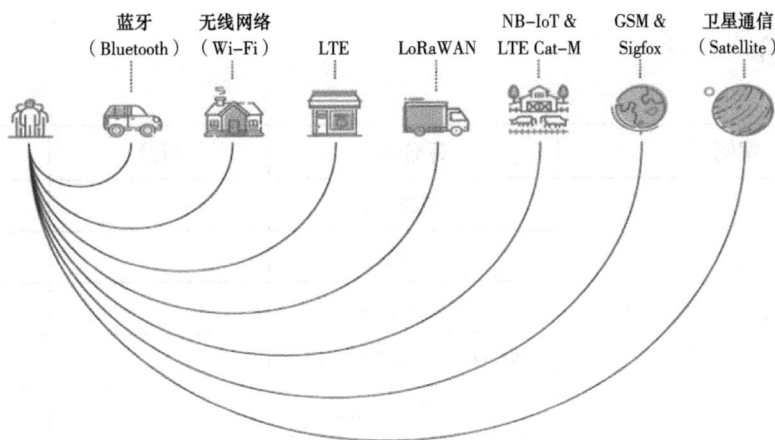

图 4-2-5　各种网络通信距离对比

情况下传输数据。LoRa 技术的设备成本相对较低，且易于部署，因此被广泛应用于智慧城市、智能农业等领域。但是，LoRa 技术的数据传输速率较慢，且对于数据的可靠性和安全性还需要进一步研究。

综上所述，从实际应用角度来看，对于不同的场景和需求，不同的通信技术具有不同的优势和劣势。在实际应用中，还需根据具体需求和场景来选择合适的技术方案。

如果需要在城市中建立一个大规模的传感器网络，覆盖范围较广，需要高可靠性和安全性的数据传输，同时需要支持快速的数据传输速率，那么 NB-IoT 技术可能是更好的选择。

但如果应用场景为偏向农村或山区等偏远地区，或者对于设备的功耗和成本有着更高的要求，那么 LoRa 技术可能更适合。

任务小结

本任务主要学习 NB 工作原理及其模组的入网流程，最后在 LiteOS 中实现了单片机与模组的对接和集成，具备了设备上云的条件。

通过本任务的学习，我们掌握了如何通过 NB-IoT 这样的长距离低功耗的通信技术实现端云互通，同时，在物联网协议方面我们也介绍了另外一种常用的 CoAP 协议等，这里需要注意与 MQTT 的区别。

任务评价

案例	评分项	打分	说明
NB-IoT 通信模组及其应用任务（学员 / 小组）	NB 模组介绍		
	串口工具使用		
	AT 基本测试		
	NB 自动入网流程完成度		
	PING 服务器测试		
	总分		

课后思考

简答题：

（1）NB-IoT 的优点有哪些？

（2）请简述 NB 模组手动入网的流程。

任务单 4.1

任务 名称	Wi-Fi 通信模组及其应用	
任务 目标	基于 TCP 协议连接远程服务器通信实例	
资源 准备	（1）硬件准备： 1）小熊派开发板 2）ESP8266 通信模组 （2）软件准备： 1）QCOM 串口助手 2）网络调试助手 –SSCOM 网络版即可	
操作 步骤	（1）硬件准备 （2）配置 Wi-Fi 模式 （3）连接可以上网的路由器 （4）查询设备的 IP 地址 （5）连接远程 TCP 服务器 （6）模组主动发送消息 （7）模组接收消息 （8）关闭 TCP 连接	
运行结果 （可截图）		
评价	分数：	签字：

任务单 4.2

任务名称	NB-IoT 通信模组及其应用
任务目标	通过本实验，学生能熟悉基于移远 BC35 模组自动入网操作实验，掌握在串口通过 AT 指令进行查询或者设置自动入网操作，进一步熟悉 AT 指令的操作使用
资源准备	（1）硬件准备： 1）小熊派开发板 2）BC35 通信模组 （2）软件准备： QCOM 串口助手
操作步骤	（1）硬件准备 （2）UE 功能查询 （3）模块复位 AT+NRB （4）配置模块上电或者复位后自动接入网络 （5）重启模块使指令生效 （6）查询网络注册状态 （7）查询 PS 连接或分离 （8）查询模块的 IP 地址 （9）测试到远程主机的 IP 网络连接
运行结果 （可截图）	
评价	分数：	签字：

项目 5
物联网设备接入平台

思维导图

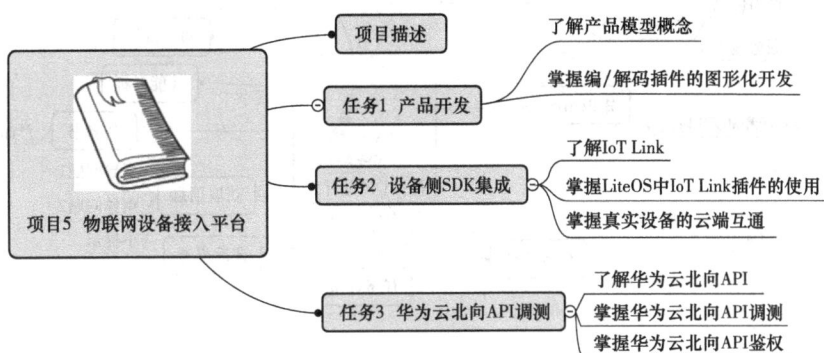

项目5 物联网设备接入平台
- 项目描述 —— 了解产品模型概念
- 任务1 产品开发 —— 掌握编/解码插件的图形化开发
- 任务2 设备侧SDK集成
  - 了解IoT Link
  - 掌握LiteOS中IoT Link插件的使用
  - 掌握真实设备的云端互通
- 任务3 华为云北向API调测
  - 了解华为云北向API
  - 掌握华为云北向API调测
  - 掌握华为云北向API鉴权

项目描述

在之前的项目和任务中，我们对智慧路灯的开发都集中在设备侧，并且介绍了如何上云的网络通信技术。现在我们正式来到华为云物联网平台，本项目包括产品开发、设备侧开发和应用开发三大部分，分别对应任务 1、2、3，通过三个任务的实施，让大家明白为什么需要该平台及其价值所在，当然还有具体的开发实践知识。

5.1 任务 1 产品开发

思维导图

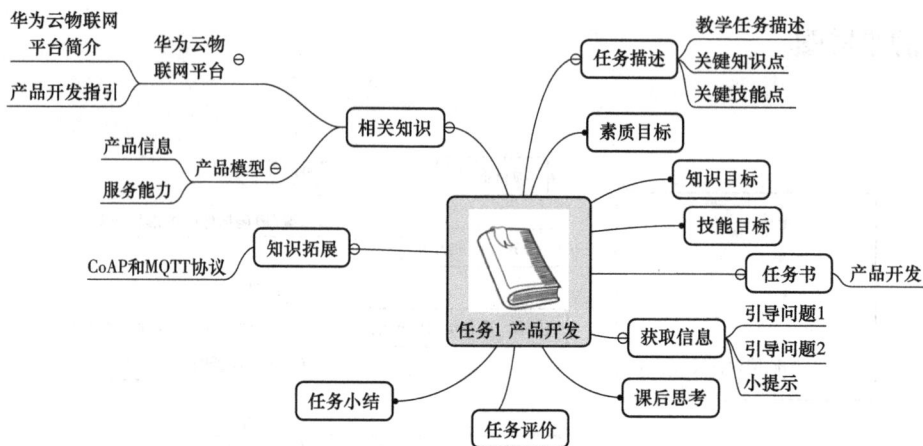

任务描述

（1）教学任务描述：该任务包括对华为云物联网平台的认知，通过对产品开发的示范，展示如何基于华为云平台进行产品模型和编 / 解码插件的开发。

（2）关键知识点：物模型和编 / 解码插件。

（3）关键技能点：编 / 解码插件的消息响应。

知识目标

（1）了解产品模型概念。

（2）掌握编 / 解码插件的图形化开发。

技能目标

（1）能够完成物模型设计。

（2）能够按照要求进行编 / 解码插件的设计。

素质目标

（1）培养开放开源的素养。
（2）培养细致、认真的工作态度。

任 务 书

在老师的指导下，完成对华为云 IoTDA 的认识，并以产品开发为目标，熟悉基于华为云的二次开发，由此培养平台开发的基础能力，任务单如图 5-1-1 所示。

任务单

任务名称	产品开发	
任务目标	（1）掌握物联网平台的功能定义 （2）掌握物联网平台编 / 解码插件的开发 （3）掌握物联网平台的调试	
资源准备	注册并登录华为云 IoTDA 控制台	
操作步骤	（1）登录华为云设备接入服务 IoTDA （2）功能定义： 1）创建产品 2）添加智慧路灯服务 3）添加属性 4）添加命令 （3）插件开发： 1）新增数据上报消息 2）新增 Light 命令消息 3）新增 Motor 命令消息 4）匹配和在线插件部署 （4）验证功能定义及插件： 1）新增模拟设备 2）数据上报调试 3）Light 命令调试 4）Motor 命令调试	
运行结果		
评价	分数：	签字：

图 5-1-1　任务单 – 产品开发

获取信息

引导问题 1 必须要有个物联网平台才能构建物联网系统吗？

小 提 示

　　物联网平台作为"集大成者"，可提供网络化数据服务，通过整合物联网领域各方面的资源，汇聚海量数据，提供丰富的信息处理工具。企业可以自助式地利用平台的数字化能力，根据应用的需求对数据进行计算和传送，降低了进驻物联网领域的门槛及业务运营的成本，帮助刚入局的企业或创新者低成本、高效率、高可靠地，快速推出物联网解决方案或产品。例如，一个成熟的物联网平台将为用户整合繁杂的传输协议、规则引擎、数据湖资源、边缘计算、云端存储、云端分析等等，提供完整的端到端的服务内容。然而，碎片化的物联网世界，很难诞生出一家独大的物联网平台厂商，加上各种方式的竞争与市场培育，物联网平台商业模式的落地更是难上加难。

引导问题 2 编 / 解码插件是必需的吗？

小 提 示

　　不是，一款产品的设备上报数据时，如果数据格式为"二进制码流"，则该产品需要进行编 / 解码插件开发；如果数据格式为"JSON"，则该产品下不需要进行编 / 解码插件开发。

相关知识

5.1.1　华为云物联网平台

1. 华为云物联网平台简介

华为云物联网平台（IoT 设备接入云服务）提供海量设备的接入和管理能力，将物理设备联接到云，支撑设备数据采集上云和云端下发命令给设备进行远程控制，配合华为云其他产品，帮助用户快速构筑物联网解决方案。

使用物联网平台构建一个完整的物联网解决方案主要包括物联网平台、业务应用和设备 3 部分。

（1）物联网平台作为连接业务应用和设备的中间层，屏蔽了各种复杂的设备接口，实现设备的快速接入；同时提供强大的开放能力，支撑行业用户构建各种物联网解决方案。

（2）设备可以通过固网、2G/3G/4G/5G、NB-IoT、Wi-Fi 等多种网络接入物联网平台，并使用 LwM2M/CoAP、MQTT、HTTPS 协议将业务数据上报到平台，平台也可以将控制命令下发给设备。

（3）业务应用通过调用物联网平台提供的 API，实现设备数据采集、命令下发、设备管理等业务场景。设备、平台与应用的关系如图 5-1-2 所示。

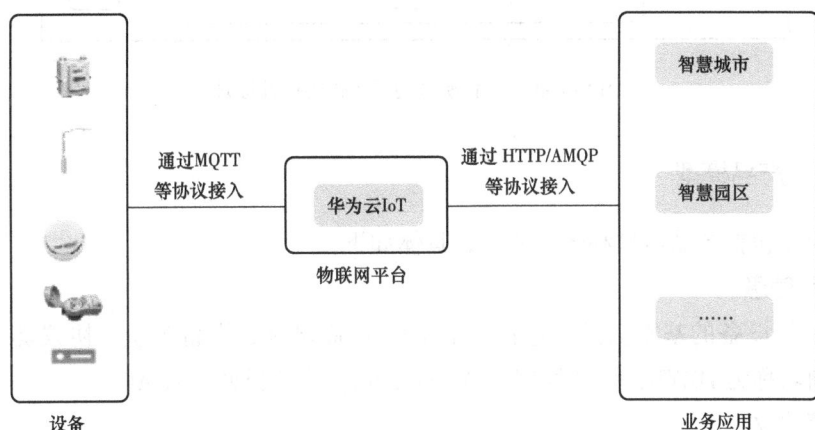

图 5-1-2 设备、平台与应用的关系

2. 产品开发指引

在物联网平台集成解决方案中，物联网平台作为承上启下的中间部分，向应用服务器开放 API 接口，向各种协议的设备提供 API 对接。为了提供更加丰富的设备管理能力，物联网平台需要理解接入设备具备的能力及设备上报数据的格式，因此，我们只需要在控制台上完成产品模型和插件的开发。

（1）产品模型是用来描述设备能力的文件，通过 JSON 的格式定义了设备的基本属性、上报数据和下发命令的消息格式。定义产品模型，即在物联网平台构建一款设备的抽象模型，使平台理解该款设备支持的属性信息。

（2）编 / 解码插件主要根据设备上报数据的格式来判断是否需要开发。编 / 解码插件是供物联网平台调用，完成二进制格式和 JSON 格式相互转换或 JSON 格式之间的转换。它将设备上报的二进制数据或 JSON 解码为 JSON 格式供应用服务器"阅读"，将应用服务器下行的 JSON 格式命令编码为二进制或 JSON 格式数据供终端设备（UE）"理解执行"。产品模型与编 / 解码插件原理如图 5-1-3 所示。

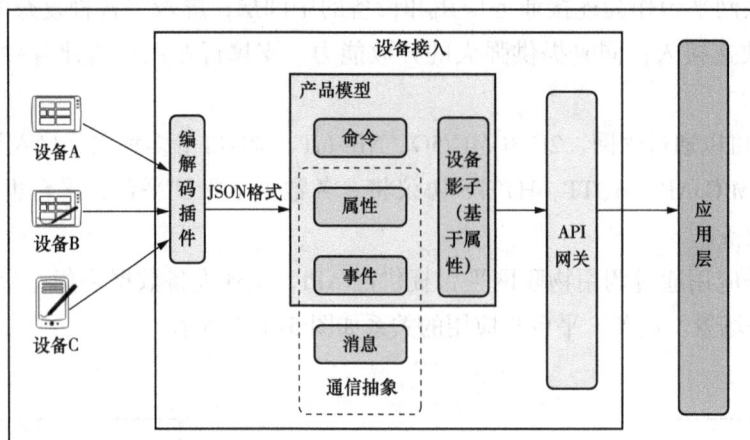

图 5-1-3　产品模型与编 / 解码插件原理

5.1.2　产品模型

产品模型包括产品信息和服务能力，具体如下。

1. 产品信息

描述一款设备的基本信息，包括厂商 ID、厂商名称、设备类型、协议类型。例如：水表的厂商名称为 HZYB，设备类型为 WaterMeter，协议类型为 CoAP。

2. 服务能力

描述设备具备的业务能力。将设备业务能力拆分成若干个服务后，再定义每个服务具备的属性、命令及命令的参数。

以水表为例，水表具有多种能力，如上报水流、告警、电量、连接等各种数据，并且能够接受服务器下发的各种命令。产品模型文件在描述水表的能力时，可以将水表的能力划分为 5 个服务，每个服务都需要定义各自的上报属性或命令。水表的服务类型如图 5-1-4 所示。

物联网平台提供了多种定义产品模型的方法，可以根据自己的需求选择以下对应的方法定义产品模型。

（1）自定义模型（在线开发）：从零自定义构建产品模型。

（2）上传模型文件（离线开发）：将本地写好的产品模型上传到平台。

（3）Excel 导入：通过导入文件的方式快速定义产品功能。对于开发者来说，降低产品模型开发门槛，只需根据表格填写参数；对于高级开发者和集成商来说，提升行业复杂模型开发效率。例如，楼宇自控空调模型包含的 service 条目超过 100 条，在表格中编辑开发产品模型，效率得到大幅度提升，可以随时编辑调整参数。

（4）导入库模型（平台预置产品模型）：我们可以使用平台预置的产品模型快速完

成产品开发。当前平台提供了标准模型和厂商模型。标准模型遵循行业标准的产品模型，适用行业内绝大部分厂商设备，而厂商模型针对设备类型发布的产品模型，适用于同行业内少量厂家设备。可以根据实际需求选择相应的产品模型。

服务类型	描述
基础（Water Meter Basic）	用于定义水表上报的水流量、水温、水压等参数，如果需要命令控制或修改这些参数，还需要定义命令的参数
告警（Water Meter Alarm）	用于定义水表需要上报的各种告警场景的数据，必要的话需要定义命令
电池（Battery）	定义水表的电压、电流强度等数据
传输规则（Delivery Schedule）	定义水表的一些传输规则，必要的话需要定义命令
连接（Connectivity）	定义水表连接参数

图 5-1-4　水表的服务类型

知识拓展

5.1.3　CoAP 和 MQTT 协议

1. 受限应用协议（Constrained APPlication Protocol，CoAP）

受限应用协议是基于客户端服务器的协议。使用该协议，CoAP 数据包可以在 CoAP 服务器命令的不同客户端节点之间共享。服务器负责根据其逻辑共享信息，但尚未确认。这与支持状态转移模型的应用程序一起使用。

2. 消息查询遥测传输（Message Queuing Telemetry Transport，MQTT）

消息查询遥测传输协议是一种用于物联网设备的基于通信的协议。该协议基于发布—订阅方法，其中客户端通过代理仅接收订阅主题的信息。代理是在传递消息之前将消息分类为标签的中介。

3. 二者区别

COAP 和 MQTT 协议对比如图 5-1-5 所示。

比较项	CoAP	MQTT
缩写	约束应用程序协议	消息查询遥测传输
通信类型	CoAP 使用请求 – 响应模型	MQTT 使用发布 – 订阅模型
消息模式	CoAP 使用异步和同步	MQTT 仅使用异步
传输层协议	CoAP 主要使用用户数据报协议（UDP）	主要使用传输控制协议（TCP）
标头大小	CoAP 有 4B 大小的标头	MQTT 有 2B 大小的标头
基于 RESTful	是的，它使用 REST 原则	MQTT 不使用 REST 原则
持久性支持	CoAP 没有这种支持	支持并最好用于实时数据通信
消息标签	CoAP 通过向消息添加标签来提供	MQTT 没有这样的功能
可用性 / 安全性	CoAP 用于公用事业区域网络并具有安全机制	MQTT 用于物联网应用程序并且是安全的
有效性	LNN 中的有效性非常好	LNN 的有效性很低
通信模型	通信模型是一对一的	通信模型是多对多

图 5-1-5　CoAP 和 MQTT 协议对比

任务小结

本任务主要学习了如何进行产品的开发，通过产品模型和编 / 解码插件的实施，帮助大家认识和熟悉基于华为云 IoTDA 的产品开发流程。

任务评价

案例	评分项	打分	说明
产品开发（学员 / 小组）	产品创建		
	编 / 解码设计		
	虚拟设备测试		
	展示		
	总分		

课后思考

简答题：

（1）NB-IoT 产品一般采用什么协议？

（2）编 / 解码插件的 MID 是什么作用？

5.2　任务 2　设备侧 SDK 集成

思维导图

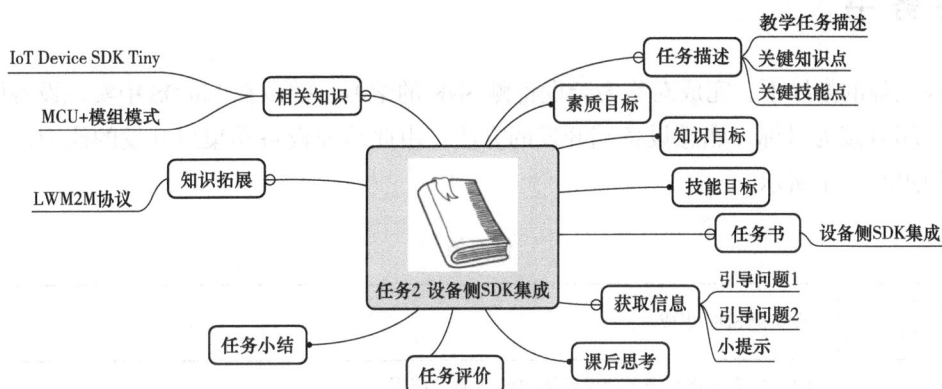

任务描述

（1）教学任务描述：该任务包括对华为云设备侧软件开发工具包（Software Development Kit, SDK）SDK 的学习，通过与小熊派 LiteOS 的集成，展示如何在 LiteOS 中实现设备侧数据与云端对接。

（2）关键知识点：IoT Link 与华为云设备侧 SDK。

（3）关键技能点：LiteOS 中 IoT Link 插件应用。

知识目标

（1）了解 IoT Link。

（2）掌握 LiteOS 中 IoT Link 插件的使用。

（3）掌握真实设备的云端互通。

技能目标

（1）能够完成 LiteOS 中 IoT Link 插件的融合。

（2）能够按照要求进行真实设备的云端互通。

素质目标

（1）培养与客户沟通与交流的素养。

（2）培养认真的工作态度。

任务书

在老师的指导下，完成对华为云设备侧 SDK 的学习，并以在 LiteOS 中实现设备侧数据与云端对接为目标，熟悉设备端开发的方法，由此培养设备端集成开发的能力，本任务单如图 5-2-1 所示。

任务单

任务名称	设备侧 SDK 集成	
任务目标	（1）华为云物联网平台设备侧 SDK 理解与应用 （2）LiteOS 中 IoT Link 插件学习 （3）基于小熊派的设备上云实测	
资源准备	（1）注册并登录华为云 IoTDA 控制台 （2）小熊派平台	
操作步骤	（1）硬件准备 （2）IoTDA 上注册真实设备 （3）导入基础工程 （4）配置 IoT Link，使用 Wi-Fi 模组上云 （5）修改 .config 模块的案例模块为 oc_smartlamp template （6）创建智慧农业所需的数据结构： 1）添加平台所需的基本变量 2）添加 MessageID 3）添加存储数据的变量 （7）创建数据上报任务 （8）创建命令响应任务 （9）编译下载测试	
运行结果		
评价	分数：	签字：

图 5-2-1　任务单 – 设备侧 SDK 集成

获取信息

引导问题 1　SDK 的作用是什么?

小 提 示

　　SDK 一般是一些被软件工程师用于为特定的软件包、软件框架、硬件平台、操作系统等建立应用软件的开发工具的集合。

　　通常软件工程师从目标系统开发者那里获得软件开发包。为了鼓励开发者使用其系统或者语言,许多 SDK 是免费提供的。SDK 经常可以直接从互联网下载。有时也被作为营销手段。例如,甲产品或许会免费提供构件 SDK 以鼓励人们使用它,从而会吸引更多人由于能免费为其编程而购买其构件。SDK 可能附带了使其不能在不兼容的许可证下开发软件的许可证。例如,一个专有的 SDK 可能与自由软件开发抵触。而 GPL 能使 SDK 与专有软件开发近乎不兼容。LGPL 下的 SDK 则没有这个问题。

引导问题 2　设备侧 SDK 有哪些版本?

小 提 示

　　平台提供了两种 SDK。为了帮助设备快速连接到物联网平台,华为提供了 IoT Device SDK。支持 TCP/IP 协议栈的设备集成 IoT Device SDK 后,可以直接与物联网平台通信。不支持 TCP/IP 协议栈的设备,例如,蓝牙设备、ZigBee 设备等需要利用网关将设备数据转发给物联网平台,此时网关需要事先集成 IoT Device SDK。另外,一种设备侧 SDK 是 IoT Device SDK Tiny,IoT Device SDK Tiny 可以运行于无 linux 操作系统的设备,也可以被模组集成,但是不提供网关服务。

相关知识

5.2.1　IoT Device SDK Tiny

　　IoT Device SDK Tiny(简称 SDK)是部署在具备广域网能力、对功耗、存储、计算资源有严格限制的终端设备上的轻量级互联互通中间件,用户只需调用 API 接口,便可实现设备快速接入物联网平台，以及数据上报和命令接收等功能。

SDK 提供端云协同能力，集成了 MQTT、LwM2M、CoAP、mbedtls、LwIP 全套 IoT 互联互通协议栈，且在这些协议栈的基础上提供了开放 API，用户只需关注自身的应用，而不必关注协议内部实现细节，直接使用 SDK 封装的 API，通过连接、数据上报、命令接收和断开四个步骤就能简单、快速地实现与华为云物联网平台的安全、可靠连接。使用 SDK，用户可以大幅度缩短开发周期，聚焦自己的业务开发，快速构建自己的产品。设备侧 SDK 的细分与对比如图 5-2-2 所示。

SDK 种类	SDK 集成场景	SDK 支持的物联网通信协议
IoT Device SDK	面向运算、存储能力较强的嵌入式设备，如网关、采集器等	MQTT
IoT Device SDK Tiny	面向对功耗、存储、计算资源有严格限制的终端设备，如单片机、模组	LwM2M、CoAP、MQTT

图 5-2-2　IoT 设备侧 SDK 的细分与对比

IoT Device SDK Tiny 的软件架构主要分为以下几层：

1. API 接口
通过应用编程接口将 SDK 能力开放给设备，终端设备调用 SDK 能力，快速完成华为物联网平台的接入、业务数据上报、下发命令处理等。

2. 端云互通组件
提供了终端采用 MQTT、CoAP、LwM2M（Lightweight M2M，轻量级 M2M）等多种协议接入华为云物联网平台的功能。

3. 物联组件
集成了 MQTT、CoAP、LWM2M 等物联网标准协议，也可以根据现有设备特征，添加自定义的协议。

4. 基础组件
提供了驱动、传感器、AT 指令等框架，可以基于 SDK 提供的框架，根据具体的硬件平台进行适配。

5. OS 适配层
提供了 LiteOS、NovaOS、linux、ucos_ii、macOS、FreeRTOS 等多操作系统的适配，也可以根据需要来适配自己的操作系统。

6. HAL 硬件平台抽象层
提供交叉编译能力，以便于 SDK 集成在不同的硬件平台上。

5.2.2　MCU+ 模组模式

此模式下设备包含 MCU（Micro Controller Unit）和通信模组，其中 MCU 集成 IoT Device SDK Tiny 及产品逻辑，模组作为通信模块，提供通信网络。MCU+ 模组模式示意图如图 5-2-3 所示。

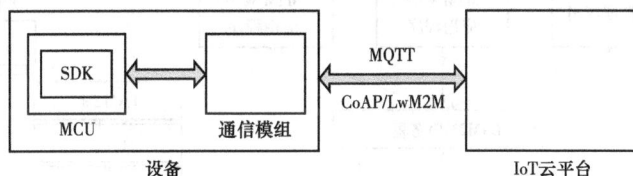

图 5-2-3　MCU+ 模组模式示意图

如果采用的模组已获得华为认证，则该模组内已集成 IoT Device SDK Tiny，并遵循华为 AT 指令规划，设备只需通过串口发送 AT 指令驱动模组即可完成对接云平台。

如果采用的模组没有被华为认证，则需要在 MCU 侧集成 IoT Device SDK Tiny 及产品逻辑，模组仅作为通信模块收发数据。MCU 侧集成 IoT Device SDK Tiny 流程参考模组厂商集成流程。

知识拓展

5.2.3　LwM2M 协议

1. LwM2M

由开发移动联盟（Open Mobile Alliance, OMA）提出，是一种轻量级的、标准通用的物联网设备管理协议，可用于快速部署客户端 / 服务器模式的物联网业务。

2. LwM2M 协议主要特性

LwM2M 协议主要特性如下。

（1）基于资源模型的简单对象。

（2）资源操作：创建、检索、更新、删除、属性配置。

（3）资源的观察、通知。

（4）支持的数据格式：TLV、JSON、Plain Text、Opaque。

（5）传输层协议：UDP/SMS。

（6）安全协议：DTLS。

（7）NAT/ 防火墙应对方案 : Queue 模式。

（8）支持多 LwM2M Server。

（9）基本的 M2M 功能有 LwM2M Server，访问控制，设备，网络连接监测，固件更新，位置和定位服务，统计。

3. LwM2M 体系架构

LwM2M 体系架构如图 5-2-4 所示。

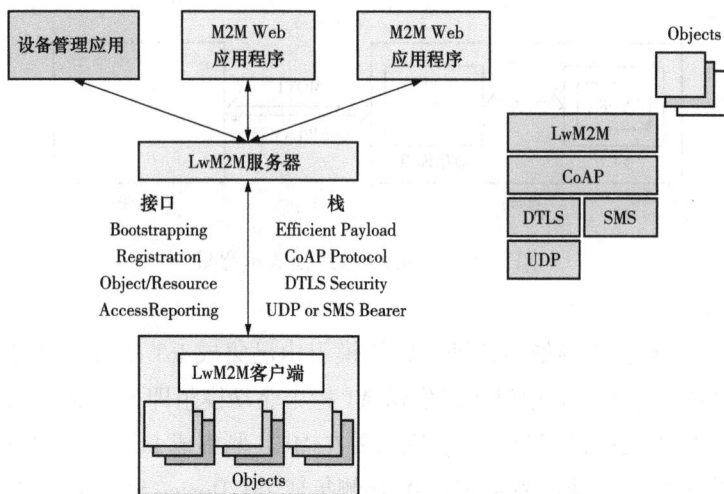

图 5-2-4　LwM2M 体系架构

任务小结

本任务主要学习了如何在小熊派中进行华为云设备 SDK 的集成，通过实际设备数据的上云任务的实施，帮助大家认识和熟悉华为云平台设备侧 SDK 开发的常见模式。

任务评价

案例	评分项	打分	说明
设备侧 SDK 集成任务（学员 / 小组）	IoT Link Wi-Fi 配置		
	设备侧代码添加		
	结果运行		
	展示汇报		
	总分		

简答题：

（1）IoT Device SDK Tiny 对接入设备的硬件有哪些要求？

（2）IoT Link 插件的作用是什么？

5.3　任务 3　华为云北向 API 调测

思维导图

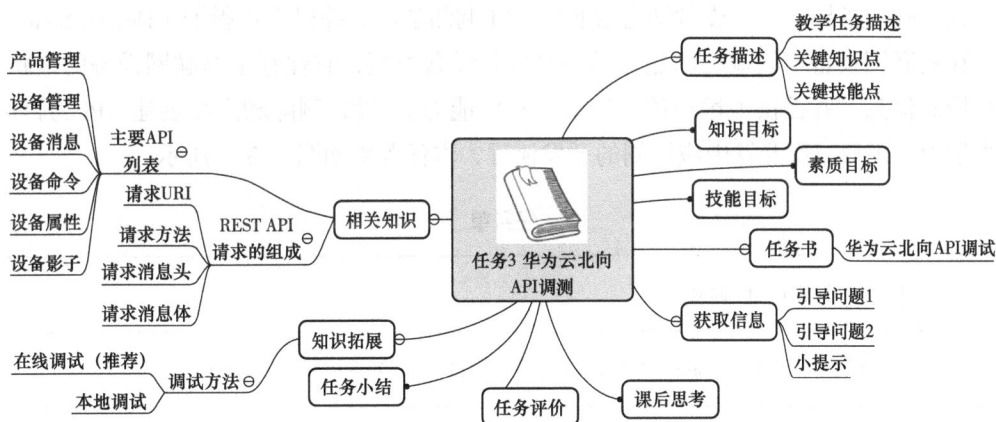

任务描述

（1）教学任务描述：该任务包括对华为云北向 API 调测的学习，通过 API Explorer 调测，展示如何基于华为云 API 获取平台资源。

（2）关键知识点：华为云北向 API。

（3）关键技能点：华为云北向 API 调测。

知识目标

（1）了解华为云北向 API。

（2）掌握华为云北向 API 调测。

（3）掌握华为云北向 API 鉴权。

技能目标 ✂

（1）能够完成华为云北向 API 的访问。

（2）能够按照要求进行具体产品和设备 API 的调取。

素质目标 ✍

（1）培养与客户沟通和交流的素养。

（2）培养认真的工作态度。

任 务 书 📖

在老师的指导下，完成对华为云北向 API 调测学习，并以设备影子（Device Shadow，是指在物联网设备与云端之间建立的一种虚拟设备类型，它保存了物联网设备的最新状态和控制信息，并提供了远程访问这些信息的能力）、设备删除和产品创建 API 为目标，熟悉华为云平台二次开发中应用侧的开发流程，本任务单如图 5-3-1 所示。

任务单

任务名称	华为云北向 API 调测	
任务目标	使用华为云 API Explorer 调用物联网平台的接口，熟悉物联网平台二次开发	
资源准备	（1）登录华为云 IoTDA 控制台 （2）打开 API Explorer	
操作步骤	（1）登录华为云 API Explorer 服务 （2）调用删除设备接口 （3）调用创建产品接口 （4）调用查询设备影子接口	
运行结果		
评价	分数：	签字：

图 5-3-1　任务单 - 华为云北向 API 调测

获取信息

引导问题 1　RESTful API 是什么样的接口呢?

小 提 示

RESTful API 就是 REST 风格的应用程序接口（APPlication Programming Interface，API），即 rest 是一种架构风格，与编程语言、平台无关，采用 HTTP 作传输协议。那么，在什么场景下使用 RESTful API 呢? 当今的互联网应用的前端展示媒介很丰富。有手机、平板电脑，还有个人计算机（Personal Computer，PC）及其他的展示媒介，从而我们系统的客户端要支持浏览器、Android、ioS 等。此时我们肯定不会单独为每个客户端写一个后台系统，而是写一个后台系统来提供 rest 风格的 URI，这三个客户端都请求同一个后台系统。那么这些前端接收到的用户请求统一由一个后台来处理并返回给不同的前端则是较科学和较经济的方式。RESTful API 就是一套用来规范多种形式的前端和同一个后台交互方式的协议。

引导问题 2　访问华为云时有几种鉴权方式?

小 提 示

有如下两种调用接口的认证鉴权方式，我们可以选择其中一种即可。

（1）Token 认证: 通过 Token 认证通用请求。

（2）AK/SK 认证: 通过 AK（Access Key ID）/SK（Secret Access Key）加密调用请求。

相关知识

5.3.1　主要 API 列表

为了降低应用侧的开发难度、提升应用侧开发效率，物联网平台向应用侧开放了 API（见图 5-3-2）。我们可以调用开放的 API，快速集成物联网平台的功能，如产品管理、设备管理、订阅管理、设备命令、规则管理等功能。但是在调用其他接口前，应用侧需要通过身份识别与访问管理（Identily and Access Management，IAM）服务鉴权，以获取令牌（token）值。

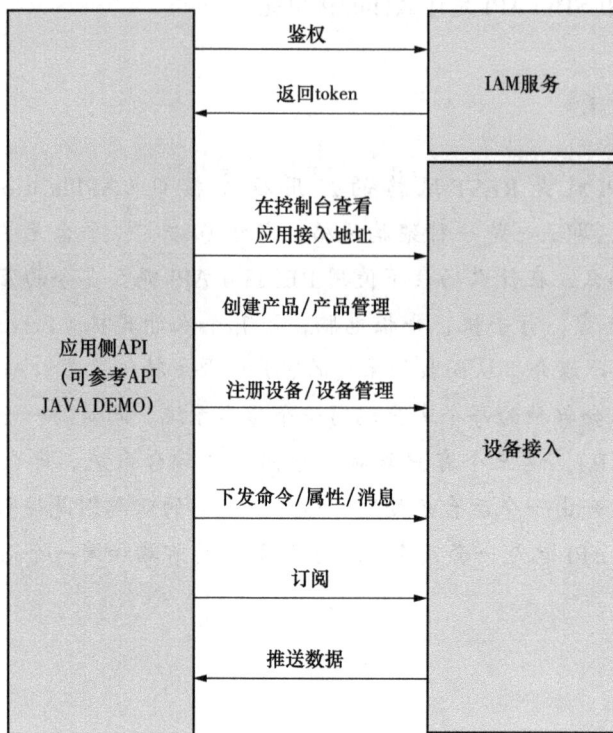

图 5-3-2　应用侧 API

1. 产品管理

API	说明
查询产品列表	查询已导入物联网平台的产品模型信息列表，了解产品模型的概要信息
创建产品	创建产品。此接口仅创建了产品，没有创建和安装插件，如果需要对数据进行编/解码，还需要在平台开发和安装插件
查询产品	查询已导入物联网平台的指定产品模型详细信息，包括产品模型的服务、属性、命令等
修改产品	修改已导入物联网平台的指定产品模型，包括产品模型的服务、属性、命令等。此接口仅修改了产品，未修改和安装插件，如果修改了产品中的服务定义，且在平台中有对应的插件，请修改并重新安装插件
删除产品	删除已导入物联网平台的指定产品模型

2. 设备管理

API	说明
查询设备列表	查询物联网平台中的设备信息列表
创建设备	在物联网平台注册一个设备，仅在注册后设备才可以接入物联网平台
查询设备	查询物联网平台中指定设备的详细信息
修改设备	修改物联网平台中指定设备的基本信息
删除设备	在物联网平台上删除指定设备。若设备下连接了非直连设备，则必须把设备下的非直连设备都删除后，才能删除该设备
重置设备密钥	重置设备密钥，携带指定密钥时平台将设备密钥重置为指定的密钥，不携带密钥时平台将自动生成一个新的随机密钥返回
冻结设备	冻结设备，设备冻结后不能再连接上线，可以通过解冻设备接口解除设备冻结。注意，当前仅支持冻结与平台直连的设备
解冻设备	解冻设备，解除冻结后，设备可以连接上线

3. 设备消息

API	说明
查询设备消息	查询指定设备下的消息，平台为每个设备默认最多保存 20 条消息，超过 20 条，后续的消息会替换下发最早的消息
下发设备消息	向设备下发消息，应用服务器可调用此接口向指定设备下发消息，以实现对设备的控制。应用将消息下发给平台后，平台返回应用响应结果，平台再将消息发送给设备
查询指定消息 ID 的消息	查询指定消息 ID 的消息

4. 设备命令

API	说明
下发设备命令	设备的产品模型中定义了物联网平台可向设备下发的命令，应用服务器可调用此接口向指定设备下发同步命令，以实现对设备的同步控制
下发异步设备命令	设备的产品模型中定义了物联网平台可向设备下发的命令，应用服务器可调用此接口向指定设备下发异步命令，以实现对设备的控制
查询指定 ID 的命令	可通过指定 ID 查询某条特定命令

5. 设备属性

API	说明
查询设备属性	设备的产品模型中定义了物联网平台可向设备下发的属性，应用服务器可调用此接口查询指定设备下的属性
修改设备属性	设备的产品模型中定义了物联网平台可向设备下发的属性，应用服务器可调用此接口向指定设备下的属性。平台负责将属性以同步方式发送给设备，并将设备执行属性结果同步返回

6. 设备影子

API	说明
查询设备影子数据	查询指定设备的设备影子信息，包括对设备的配置信息（desired 区）和设备最新上报的数据信息（reported 区）。当前仅使用 LwM2M 协议的设备支持设备影子功能，且仅支持修改 LwM2M 协议定义的属性信息，用户自定义的属性暂不支持修改
配置设备影子预期数据	配置设备影子的预期数据（desired 区），当设备上线时把数据下发给设备。设备影子的属性和产品模型耦合在一起，配置的预期属性需在产品模型中定义且 method 具有可写属性 "W" 才可下发。当前仅使用 LwM2M 协议的设备支持设备影子功能，且仅支持修改 LwM2M 协议定义的属性信息，用户自定义的属性暂不支持修改

5.3.2　REST API 请求的组成

本节将介绍 REST API 请求的组成，并以调用物联网平台的查询产品和创建产品接口，说明如何调用 API，该 API 可用于获取用户的指定产品信息。

1. 请求 URI

请求 URI 由如下几个部分组成：

{URI-scheme} :// {Endpoint} / {resource-path} ? {query-string}

尽管请求 URI 包含在请求消息头中，但大多数语言或框架都要求我们从请求消息中单独传递它，所以在此重点强调。

（1）URI-scheme：表示用于传输请求的协议，当前所有 API 均采用超文本传输安全协议（Hyper Text Transfer Protocol Secure，HTTPS）协议。

（2）Endpoint：指定承载 REST 服务端点的服务器域名或 IP，不同服务、不同区域的 Endpoint 不同，我们可以从平台对接信息中的接入地址来获取。

（3）resource-path：资源路径，即 API 访问路径。从具体 API 的 URI 模块获取，例如，"查询产品" API 的 resource-path 为 "/v5/iot/{project_id}/products/{product_id}"。

（4）query-string：查询参数，是可选部分，并不是每个 API 都有查询参数。查询参数前面需要带一个"？"，形式为"参数名 = 参数取值"，如"limit=10"表示查询不超过10 条的数据。

例如，我们需要在物联网平台获取在"华北 – 北京四"区域下的指定产品信息，则需使用"华北 – 北京四"区域的 Endpoint（iotda.cn–north–4.myhuaweicloud.com），并在查询产品的 URI 部分找到 resource-path（/v5/iot/{project_id}/products/{product_id}），拼接起来即为 https://iotda.cn–north–4.myhuaweicloud.com/v5/iot/{project_id}/products/{productid}。

2. 请求方法

HTTP 请求方法（也称为操作或动词），它告诉服务我们正在请求什么类型的操作。

（1）GET：请求服务器返回指定资源。

（2）PUT：请求服务器更新指定资源。

（3）POST：请求服务器新增资源或执行特殊操作。

（4）DELETE：请求服务器删除指定资源，如删除对象等。

（5）HEAD：请求服务器资源头部。

（6）PATCH：请求服务器更新资源的部分内容。当资源不存在时，PATCH 可能会创建一个新的资源。

在查询产品的 URI 部分，我们可以看到其请求方法为"GET"，则其请求为 GET https://iotda.cn–north–4.myhuaweicloud.com/v5/iot/{project_id}/products/{product_id}。

3. 请求消息头

附加请求头字段，如指定的 URI 和 HTTP 方法所要求的字段。例如，定义消息体类型的请求头 Content-Type，请求鉴权信息等。

如下公共消息头需要添加到请求中。

（1）Content-Type：消息体的类型（格式），必选，默认取值为 application/json；charset=utf-8，有其他取值时会在具体接口中做说明。

（2）X-Auth-Token：用户 Token。当使用 Token 方式认证时，必须填充该字段，可通过调用获取用户 Token 接口来获取，接口返回的响应消息头中 X-Subject-Token 就是需要获取的用户 Token。

4. 请求消息体

请求消息体通常以结构化格式发出，与请求消息头中 Content-type 对应，传递除请求消息头之外的内容。若请求消息体中参数支持中文，则中文字符必须为 UTF-8 编码。

每个接口的请求消息体内容不同，也并不是每个接口都需要有请求消息体（或者说消息体为空），GET、DELETE 操作类型的接口就不需要消息体，消息体具体内容需要根据具体接口而定。

知识拓展 📖

5.3.3 调测方法

为了降低应用侧的开发难度、提升应用侧开发效率，物联网平台向应用侧开放了丰富的 API。以在线调试（即 API Explorer）和本地调试（Postman）为例，模拟应用服务器以 HTTPS 协议为例接入物联网平台。

1. 在线调试（推荐）

API Explorer 提供在线 API 检索及接口调试，用户可以使用在线调试快速接入物联网平台。使用 API Explorer 可以无码化快速调用接口，详情请参考在线调试。

例如，利用 API Explorer 调试创建产品接口如图 5-3-3 所示。

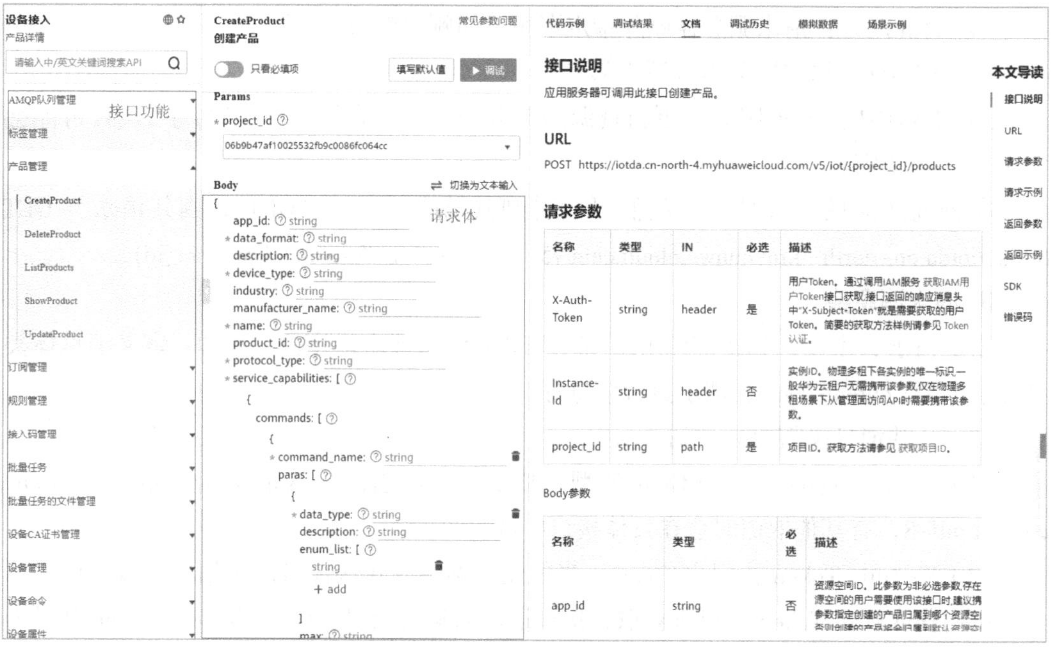

图 5-3-3　利用 API Explorer 调试创建产品接口

2. 本地调试

以 Postman 方式调用应用侧接口为例，介绍如何使用设备接入服务。

具体步骤如下。

（1）开通设备接入服务。访问设备接入服务，单击"管理控制台"后开通服务。

（2）创建产品。创建一个 MQTT 协议的产品。

（3）配置环境。下载并安装 Postman，Postman 建议使用 7.17.0 版本。

（4）调用服务。使用 Postman 调用 API 接口，查看返回结果或状态码及错误码。

任务小结

本任务主要学习了如何在华为云进行 API 调测，通过几个在线 API 的测试任务的实施，帮助大家认识和熟悉华为云平台应用侧 API 调用的方式和注意事项。

任务评价

案例	评分项	打分	说明
华为云北向 API 调测任务（学员 / 小组）	产品创建 API 调测		
	设备删除 API 调测		
	设备影子 API 调测		
	展示汇报		
	总分		

课后思考

简答题：

（1）API 与 SDK 的关系是什么？

（2）AK/SK 鉴权的流程是什么？

任务单 5.1

任务名称	产品开发	
任务目标	（1）掌握物联网平台的功能定义 （2）掌握物联网平台编 / 解码插件的开发 （3）掌握物联网平台的调试	
资源准备	注册并登录华为云 IoTDA 控制台	
操作步骤	（1）登录华为云设备接入服务 IoTDA （2）功能定义： 1）创建产品 2）添加智慧路灯服务 3）添加属性 4）添加命令 （3）插件开发： 1）新增数据上报消息 2）新增 Light 命令消息 3）新增 Motor 命令消息 4）匹配和在线插件部署 （4）验证功能定义及插件： 1）新增模拟设备 2）数据上报调试 3）Light 命令调试 4）Motor 命令调试	
运行结果		
评价	分数：	签字：

任务单 5.2

任务名称	设备侧 SDK 集成	
任务目标	（1）华为云物联网平台设备侧 SDK 理解与应用 （2）LiteOS 中 IoT Link 插件学习 （3）基于小熊派的设备上云实测	
资源准备	（1）注册并登录华为云 IoTDA 控制台 （2）小熊派平台	
操作步骤	（1）硬件准备 （2）IoTDA 上注册真实设备 （3）创建 Hello World 工程 （4）配置 IoT Link，使用 Wi-Fi 模组上云 （5）创建新智慧路灯文件夹 （6）修改 .config 模块的案例模块为 new_smartLamp_demo （7）创建智慧路灯所需的数据结构 1）添加平台所需的基本变量 2）添加 MessageID 3）添加存储数据的变量 （8）创建数据上报任务 （9）创建命令响应任务 （10）编译下载测试	
运行结果		
评价	分数：	签字：

任务单 5.3

任务名称	华为云北向 API 调测	
任务目标	使用华为云 API Explorer 调用物联网平台的接口，熟悉物联网平台二次开发	
资源准备	（1）登录华为云 IoTDA 控制台 （2）打开 API Explorer	
操作步骤	（1）登录华为云 API Explorer 服务 （2）调用删除设备接口 （3）调用创建产品接口 （4）调用查询设备影子接口	
运行结果		
评价	分数：	签字：

项目 6
物联网应用程序开发

思维导图

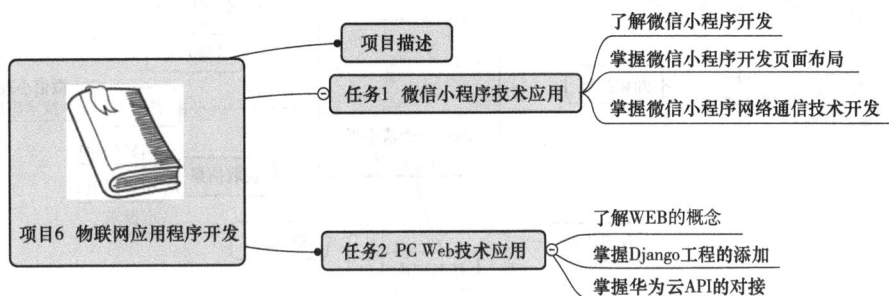

项目6 物联网应用程序开发
- 项目描述
- 任务1 微信小程序技术应用
  - 了解微信小程序开发
  - 掌握微信小程序开发页面布局
  - 掌握微信小程序网络通信技术开发
- 任务2 PC Web技术应用
  - 了解WEB的概念
  - 掌握Django工程的添加
  - 掌握华为云API的对接

项目描述

　　智慧路灯系统最终要面对的是用户，所以我们需要设计对应的 APP 来提供使用，而不同的用户需要的 APP 的形式也会不同。

　　本项目包括 2 个独立的任务，任务 1 指导学员开发基于华为云物联网平台的微信小程序，任务 2 是学习如何设计和实现基于华为云 API 的 PC Web 应用程序。

6.1 任务1 微信小程序技术应用

思维导图

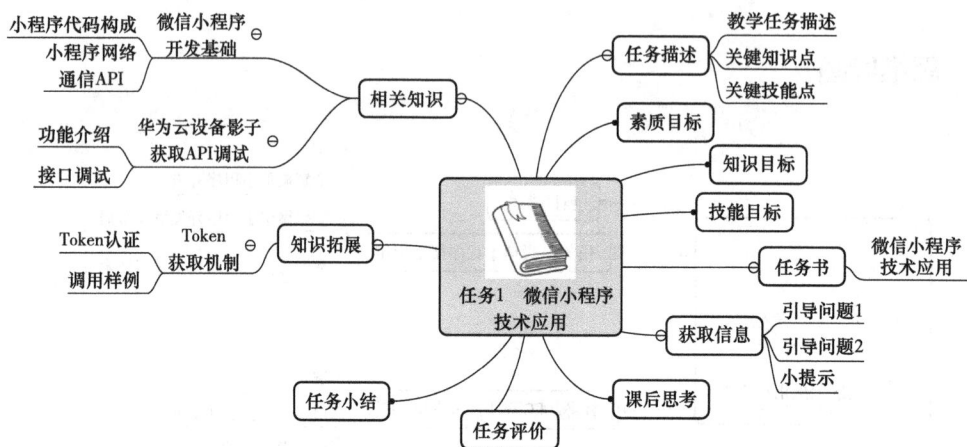

任务描述

（1）教学任务描述：该任务包括对微信小程序的认识，通过手把手示范智慧路灯微信小程序的制作过程，展示如何完成微信小程序与华为云 API 的对接与集成。

（2）关键知识点：微信小程序开发；华为云 API 对接。

（3）关键技能点：华为云 API 对接。

知识目标

（1）了解微信小程序的开发方法。

（2）掌握微信小程序开发中的页面布局。

（3）掌握微信小程序网络通信技术开发。

技能目标

（1）能够完成微信小程序与华为云 API 的集成。

（2）能够按照要求完成智慧路灯 UI 的设计和后台逻辑的实现。

素质目标

（1）培养与客户沟通和交流的素养。
（2）培养认真的工作态度。

任 务 书

在老师的指导下，完成对微信小程序开发的认识，并以智慧路灯微信小程序开发为目标，熟悉微信小程序开发工具的使用，由此培养微信小程序 APP 的开发与应用能力，如图 6-1-1 所示。

任务单

任务 名称	微信小程序技术应用	
任务 目标	小程序 APP 开发及与华为云 SDK 的对接	
资源 准备	（1）微信小程序开发工具 （2）华为云物联网平台 （3）手机 1 台	
操作 步骤	（1）安装小程序开发者工具 （2）创建小程序 Hello World （3）获取 Token 的 wx request 的 URL 对接 （4）UI 设计 （5）温 / 湿度数据对接显示和远程命令开发 （6）测试	
运行 结果		
评价	分数：	签字：

图 6-1-1　任务单 – 微信小程序技术应用

获取信息

引导问题 1 为什么要选择微信小程序作为智慧路灯的 APP 呢?

小 提 示

小程序有其独有的优势，例如，无须安装、快速开启、无须太多的内存等优势，深受广大用户青睐。而与下载 APP 不同，小程序只需要扫码即可打开，是基于微信的一种 APP，无须安装。对于这样的应用而言，众多客户都愿意使用，所以有很大的市场需求。最大的好处就是其成本很低，可以说，凡是使用微信的人都能通过微信进入。从当前的市场环境来看，小企业、线下门店都能使用小程序，且开发门槛较低。

引导问题 2 微信小程序与华为云 API 对接采取的是什么方式?

小 提 示

小程序经常需要往服务器传递数据或者从服务器读取信息，这个时候可以使用 wx.request 这个 API，同时去对接项目五介绍的华为云北向 API 即可，我们使用的是 Token 鉴权的方式。

相关知识

6.1.1 微信小程序开发基础

1. 小程序代码构成

我们通过微信开发者工具快速创建一个 QuickStart 项目，可以看到这个项目里边生成了以下不同类型的文件。

1）.json 后缀的 JSON 配置文件。

2）.wxml 后缀的 WXML 模板文件。

3）.wxss 后缀的 WXSS 样式文件。

4）.js 后缀的 JavaScript 脚本逻辑文件。

接下来我们分别看看这 4 种文件的作用。

（1）JSON 配置。

1）JSON 是一种数据格式，并不是编程语言，在微信小程序中，JSON 扮演的是静态配置的角色。

2）我们可以看到在项目的根目录有一个 app.json 和 project.config.json，此外，在 pages/logs 目录下还有一个 logs.json。

（2）WXML 模板。

从事过网页编程的人可能都知道，网页编程采用的是 HTML + CSS + JavaScript 这样的组合，其中 HTML 是用来描述当前这个页面的结构，CSS 用来描述页面的外观，JavaScript 通常是用来处理这个页面和用户的交互。

同样的道理，在微信小程序中也有同样的角色，其中 WXML 充当的就是类似 HTML 的角色。打开 pages/index/index.wxml，会看到如图 6-1-2 所示的内容：

```
<view class="container">
  <view class="userinfo">
    <button wx:if="{{!hasUserInfo && canIUse}}"> 获取头像昵称 </button>
    <block wx:else>
      <image src="{{userInfo.avatarUrl}}" background-size="cover"></image>
      <text class="userinfo-nickname">{{userInfo.nickName}}</text>
    </block>
  </view>
  <view class="usermotto">
    <text class="user-motto">{{motto}}</text>
  </view>
</view>
```

图 6-1-2　WXML 文件内容

和 HTML 非常相似，WXML 由标签、属性等构成。但是也有很多不一样的地方，我们来逐一介绍。

1）标签名字有点不一样。

往往写 HTML 的时候，经常会用到的标签是 div.p.span，开发者在写一个页面的时候可以根据这些基础的标签组合出不一样的组件，例如，日历、弹窗等。换个思路，既然大家都需要这些组件，为什么我们不能把这些常用的组件包装起来以大幅提高我们的开发效率。

从上面的例子可以看到，小程序的 WXML 用的标签是 view、button、text 等，这些标签就是小程序给开发者包装好的基本能力，此外还提供了地图、视频、音频等组件。

2）多了一些如 wx:if 这样的属性以 {{ }} 这样的表达式。

在网页的一般开发流程中，我们通常会通过 JavaScript 操作 DOM（对应 HTML 的描述产生的树），以引起界面的一些变化响应用户的行为。例如，用户单击某个按钮的时候，JavaScript 会记录一些状态到 JavaScript 变量里，同时通过 DOMAPI 操控 DOM 的属性或者行为，进而引起界面一些变化。当项目越来越大的时候，你的代码会充斥着非常多的界面交互逻辑和程序的各种状态变量，显然这不是一个很好的开发模式，因此就有了 MVVM 的开发模式（如 React、Vue），提倡把渲染和逻辑分离。简单来说就是不要再让 JavaScript 直接操控 DOM，JavaScript 只需要管理状态即可，然后通过一种模板语法来描述状态和界面结构的关系即可。

小程序的框架也用到了这个思路，如果需要把一个 Hello World 的字符串显示在界面上。

WXML 是这么写的：

```
<text>{{msg}}</text>
```

而 JavaScript 只需要管理状态即可：

```
this.setData({ msg: "Hello World" })
```

通过 {{ }} 的语法把一个变量绑定到界面上，我们称为数据绑定。仅通过数据绑定还不够完整地描述状态和界面的关系，还需要 if/else、for 等控制功能，在小程序里边，这些控制功能都用 wx: 开头的属性来表达。

（3）WXSS 样式。

WXSS 具有 CSS 的大部分特性，小程序在 WXSS 也做了一些扩充和修改。

1）新增了尺寸单位。在写 CSS 样式时，开发者需要考虑到手机设备的屏幕会有不同的宽度和设备像素比，采用一些技巧来换算一些像素单位。WXSS 在底层支持新的尺寸单位 rpx，开发者可以免去换算的烦恼，只要交给小程序底层来换算即可，由于换算采用的浮点数运算，因此运算结果会和预期结果稍有偏差。

2）提供了全局的样式和局部样式。和前面 app.json、page.json 的概念相同，我们可以写一个 app.wxss 作为全局样式，会作用于当前小程序的所有页面，局部页面样式 page.wxss 仅对当前页面生效。

3）此外，WXSS 仅支持部分 CSS 选择器。

（4）JavaScript 逻辑交互。

1）一个服务仅仅只有界面展示是不够的，还需要和用户做交互：响应用户的点击、获取用户的位置等。在小程序里边，我们就通过编写 JavaScript 脚本文件来处理用户的操作。

```
<view>{{ msg }}</view>
<button bindtap="clickMe">点击我</button>
```

2）单击 button 按钮时，我们希望把界面上的 msg 显示成"Hello World"，于是我们在 button 上声明一个属性 :bindtap，在 JavaScript 文件里面声明了 clickMe 方法来响应这次单击操作：

```
Page({
  clickMe: function() {
    this.setData({ msg: "Hello World" })
  }
})
```

3）响应用户的操作就是这么简单，更详细的事件可以参考文档 WXML – 事件。此外，你还可以在 JavaScript 中调用小程序提供的丰富的 API，利用这些 API 可以很方便地调起微信提供的功能，如获取用户信息、本地存储、微信支付等。在前面的 QuickStart 示例中，在 pages/index/index.js 中就调用了 wx.getUserInfo 获取微信用户的头像和昵称，最后通过 setData 把获取到的信息显示到界面上。更多 API 可以参考文档小程序的 API。

2. 小程序网络通信 API

（1）wx.request 接口。

如果我们需要从 https://test.com/getinfo 接口拉取用户信息，其示例代码如下：

```
wx.request({

  url: 'https://test.com/getinfo',

  success: function(res) {

    console.log(res)// 服务器回包信息

  }

})
```

详细参数见表 6-1-1。

表 6-1-1　微信网络接口参数

参数名	类型	必填	默认值	描述
url	String	是		开发者服务器接口地址
data	Object/String	否		请求的参数
header	Object	否		设置请求的 header,header 中不能设置 Referer，默认 header ['content-type'] = 'application/json'
method	String	否	GET	（需大写）有效值 :OPTIONS, GET, HEAD, POST, PUT, DELETE, TRACE, CONNECT
dataType	String	否	json	回包的内容格式，如果设为 json，会尝试对返回的数据做一次 JSON 解析
success	Function	否		收到开发者服务成功返回的回调函数，其参数是一个 Object，见表 4-2
fail	Function	否		接口调用失败的回调函数
complete	Function	否		接口调用结束的回调函数（调用成功、失败都会执行）

（2）服务器接口。

url 参数是当前发起请求的服务器接口地址，小程序宿主环境要求 request 发起的网络请求必须是 HTTPS 协议请求，因此开发者服务器必须提供 HTTPS 服务的接口，同时为了保证小程序不乱用任意域名的服务，wx.request 请求的域名需要在小程序管理平台进行配置，如果小程序正式版使用 wx.request 请求未配置的域名，则在控制台会有相应的报错。

一般我们在开发阶段，在开发阶段的服务器接口还没部署到现网的域名下时，经常会通过另一个域名来进行开发调试，考虑到这一点，为了方便开发者进行开发调试，开发者工具、小程序的开发版和小程序的体验版在某些情况下允许 wx.request 请求任意域名。

（3）请求参数。

通过 wx.request 这个 API，有两种方法把数据传递到服务器：通过 url 上的参数及通过 data 参数。例如：我们需要向服务器获取 id=1 的用户的信息，同时我们把当前小程序的版本带给服务器，让服务器可以做新旧版逻辑兼容，两种方法的示例代码如图 6-1-3 所示。

两种实现方式在 HTTP GET 请求的情况下表现几乎是一样的，需要留意的是 url 是有长度限制的，其最大长度是 1024B，同时 url 上的参数需要拼接到字符串里，参数的值还需要做一次 urlEncode。向服务端发送的数据超过 1024B 时，就要采用 HTTP POST 的形式，此时传递的数据就必须要使用 data 参数，基于这个情况，一般建议在需要传递数据时，使用 data 参数来进行传递。

```
// 通过url参数传递数据

wx.request({

  url:'https://test.com/getinfo?id=1&version=1.0.0',

  success: function(res) {

    console.log(res)// 服务器回包信息

  }

})
```

```
// 通过data参数传递数据

wx.request({

  url: 'https://test.com/getinfo',

    data: { id:1, version:'1.0.0' },

  success: function(res) {

    console.log(res)// 服务器回包信息

  }

})
```

图 6-1-3　数据传递到服务器的两种方法

（4）收到回包。

通过 wx.request 发送请求后，服务器处理请求并返回 HTTP 包，小程序端收到回包后会触发 success 回调，同时回调会带上一个 Object 信息，详细回包参数见表 6-1-2。

表 6-1-2　回包参数

参数名	类型	描述
data	Object/String	开发者服务器返回的数据
statusCode	Number	开发者服务器返回的 HTTP 状态码
header	Object	开发者服务器返回的 HTTP Response Header

注意，只要成功收到服务器返回，无论 HTTP 状态码是多少都会进入 success 回调。因此开发者自己通过对回包的返回码进行判断后再执行后续的业务逻辑。

success 回调的参数 data 字段类型是根据 header['content-type'] 决定的，默认 header['content-type'] 是 'application/json'，在触发 success 回调前，小程序宿主环境会对 data 字段的值做 JSON 解析，如果解析成功，那么 data 字段的值会被设置成解析后的 Object 对象，其他情况 data 字段都是 String 类型，其值为 HTTP 回包包体。

6.1.2 华为云设备影子获取 API 调测

1. 功能介绍

应用服务器可调用此接口查询指定设备的设备影子信息，包括对设备的期望属性信息（desired 区）和设备最新上报的属性信息（reported 区）。设备影子：设备影子是一个用于存储和检索设备当前状态信息的 JSON 文档。每个设备有且只有一个设备影子，由设备 ID 唯一标识设备影子用于存储设备上报的（状态）属性和应用程序期望的设备（状态）属性，无论该设备是否在线，都可以通过该影子获取和设置设备的属性设备上线或者设备上报属性时，如果 desired 区和 reported 区存在差异，则将差异部分下发给设备，配置的预期属性需在产品模型中定义且 method 具有可写属性"W"时才可下发限制：设备影子 JSON 文档中的 key 不允许点（.）、dollar 符号（$）、空 char（十六进制的 ASCII 码为 00）特殊字符。如果包含了以上特殊字符则无法正常刷新影子文档。

2. 接口调测

我们可以在 API Explorer 中调试该接口，支持自动认证鉴权。API Explorer 可以自动生成 SDK 代码示例，并提供 SDK 代码示例调试功能。

（1）URI

GET /v5/iot/{project_id}/devices/{device_id}/shadow

路径参数及说明见表 6-1-3。

表6-1-3 路径参数及说明

参数	是否必选	参数类型	说明
project_id	是	String	参数说明：项目 ID。获取方法参见获取项目 ID
device_id	是	String	参数说明：设备 ID，用于唯一标识一个设备。在注册设备时直接指定，或者由物联网平台分配获得。由物联网平台分配时，生成规则为 "product_id" + "_" + "node_id" 拼接而成。 取值范围：长度不超过 128，只允许字母、数字、下划线（_）、连接符（-）的组合

（2）请求参数

请求 Header 参数及说明，见表 6-1-4。

表 6-1-4　请求 Header 参数及说明

参数	是否必选	参数类型	说明
X-Auth-Token	否	String	参数说明：用户 Token。通过调用 IAM 服务获取 IAM 用户 Token 接口获取，接口返回的响应消息头中 "X-Subject-Token" 就是需要获取的用户 Token。简要的获取方法样例请参见 Token 认证
Instance-ld	否	String	参数说明：实例 ID。物理多租下各实例的唯一标识，一般华为云租户无需携带该参数，仅在物理多租场景下从管理面访问 API 时需要携带该参数。可以在 loTDA 管理控制台界面选择左侧导航栏 "总览" 选项卡查看当前实例的 ID

知识拓展

6.1.3　Token 获取机制

1. Token 认证

Token 是服务端生成的一串字符串，作为客户端进行请求的一个令牌。第一次登录后，服务器生成一个 Token 并将此 Token 返回给客户端，以后客户端只需带上这个 Token 前来请求数据即可，无须再次带上用户名和密码。Token 有效期是 24h，从客户端获取开始算起（24h 是相对时间），需要使用同一个 Token 鉴权时，建议缓存起来使用，避免频繁调用。在 Token 过期前，务必刷新 Token 或重新获取 Token，否则 Token 过期后会在服务器端鉴权失败。如果我们获取 Token 多次，以最新的为准，前面的 Token 会被覆盖并失效。

Token 在计算机系统中代表令牌（临时）的意思，拥有 Token 就代表拥有某种权限。Token 认证就是在调用 API 时将 Token 加到请求消息头，从而通过身份认证，获得操作 API 的权限。

2. 调用样例

调用获取 IAM 用户 Token（使用密码）接口获取 Token，调用样例如图 6-1-4 所示。

注："username" 即 IAM 用户名；"password" 即登录华为云密码；"domainname" 即账号名；"projectname" 即项目名。我们可以参考图 6-1-5 所示的 "我的凭证" 界面获取。

接口返回的响应消息头中 "X-Subject-Token" 就是需要获取的用户 Token。获取 Token 后，再调用其他接口时，需要在请求消息头中添加 "X-Auth-Token"，其值为获取到的 Token。例如，Token 值为 "ABCDEFJ...."，则调用接口时需将 "X-Auth-Token: ABCDEFJ...." 加到请求消息头即可，如图 6-1-6 所示。

```
POST https://iam.cn-north-4.myhuaweicloud.com/v3/auth/tokens
Content-Type: application/json

{
    "auth": {
        "identity": {
            "methods": [
                "password"
            ],
            "password": {
                "user": {
                    "name": "username",
                    "password": "********",
                    "domain": {
                        "name": "domainname"
                    }
                }
            }
        },
        "scope": {
            "project": {
                "name": "xxxxxxxx"
            }
        }
    }
}
```

图 6-1-4　IAM 用户 Token（使用密码）接口获取

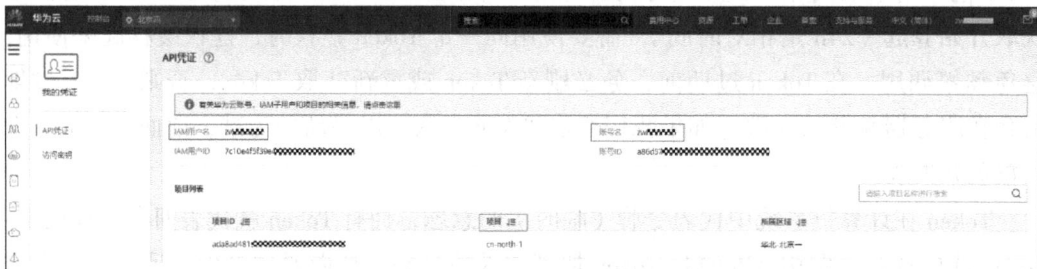

图 6-1-5　华为云"我的凭证"界面

```
GET https://iotda.cn-north-
4.myhuaweicloud.com/v5/iot/{project_id}/products/{product_id}
Content-Type: application/json
X-Auth-Token: ABCDEFJ···
```

图 6-1-6　接口返回响应中的 Token

任务小结

本任务主要学习了如何进行微信小程序的开发，通过智慧路灯小程序的实施，帮助大家认识和熟悉微信小程序 APP 是什么、如何做，以及如何和第三方 API 进行对接集成。

任务评价

案例	评分项	打分	说明
微信小程序技术应用 （学员 / 小组）	微信小程序 IDE 搭建		
	Hello 工程创建		
	页面布局		
	华为云 API 鉴权和调取		
	展示汇报		
	总分		

课后思考

简答题：
（1）微信小程序的页面布局采取的是什么模式？
（2）华为云设备影子 API 对应的 SDK 有哪些？

6.2　任务 2　PC Web 技术应用

思维导图

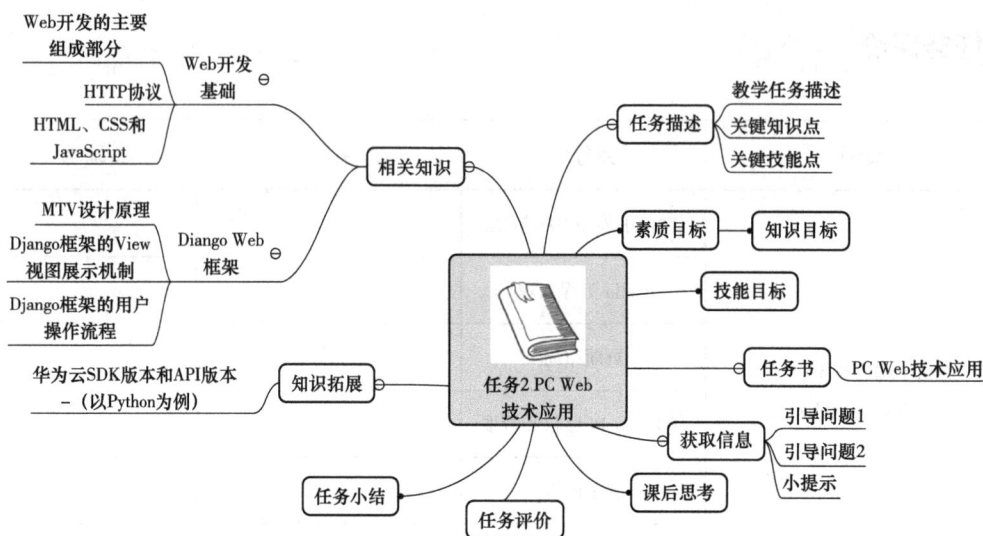

任务描述

（1）教学任务描述：该任务包括对 PC Web 技术应用的认知，通过基于 Python Django 的智慧路灯 Web APP 的示范，展示如何完成网站的开发。

（2）关键知识点：Web 原理及其配置。

（3）关键技能点：Django 工程的添加。

知识目标

（1）了解 Web 的概念。

（2）掌握 Django 工程的添加。

（3）掌握华为云 API 的对接。

技能目标

（1）能够完成 Web 的原理分析。

（2）能够按照要求进行基于第三方 API 的 Web 系统集成。

素质目标

（1）培养与客户沟通和交流的素养。
（2）培养认真的工作态度。

任 务 书

在老师的指导下，完成对 Web 的认识，并以 Python Django 的智慧路灯 Web APP 为目标，熟悉 Web 开发基本流程，由此培养物联网应用程序开发的素养，如图 6-2-1 所示。

任务单

任务名称	Django Web 技术应用	
任务目标	Django Web 开发及与华为云 SDK 的对接	
资源准备	（1）Pycharm 开发工具 （2）华为云物联网平台	
操作步骤	（1）安装 Pycharm 开发者工具和安装 Django （2）创建项目案例 （3）运行基本页面 （4）对接华为云 SDK （5）温 / 湿度数据对接显示	
运行结果		
评价	分数：	签字：

图 6-2-1　任务单 –Django Web 技术应用

获取信息

引导问题 1　PC Web 与小程序的关系是什么？

小 提 示

　　小程序和网页 PC 端虽然都是互联网应用程序，但它们的使用场景和适用对象有所不同，区别如下。

　　（1）运行环境不同：小程序是在移动设备上运行的，而网页 PC 端是在电脑浏览器上运行的。

　　（2）开发方式不同：小程序采用微信公众平台的开发者工具进行开发，而网页 PC 端采用前端技术进行开发。

　　（3）用户体验不同：小程序具有轻便、快速的特点，可以在微信内直接使用，而网页 PC 端具有跨平台功能，可以在各种操作系统和浏览器上运行。

　　（4）应用场景不同：小程序适用于各种小型应用程序，如点餐、购物、预约等，而网页 PC 端适用于各种在线服务，如电商、金融、教育等。

　　总的来说，小程序和网页 PC 端都是互联网应用程序的一种形式，它们各有特点和优势，我们可以根据不同的应用场景和适用对象选择使用。

引导问题 2　为什么选择 Django 作为 Web 开发的框架？

小 提 示

　　在开发 Web 后端时，由于平台大、内容复杂，经常会使用多种编程语言进行开发，而 Python 由于其自身的资源管理功能能力和扩展功能，经常也是其中常用的编程语言。而使用 Python 开发 Web 后端时，较常用到的框架就是 Django。那么，在 Python 的众多框架中，为什么使用 Django 框架呢？

　　（1）主要原因是因为它入门快，使用简单，能快速搭建出高性能的网站应用。

　　（2）Django 框架的以下特点也是大家首选 Django 框架的原因之一。

　　1）Django 的框架是一种 MTV 模型组织，类似 MVC，开发快速，维护和升级非常方便。

　　2）复用性，相同的功能模块，可以移植到不同的项目中使用。

　　3）安全性，Django 里面集成了一些必须的安全认证策略，如 SQL 注入、跨站点脚本、跨站点请求伪造等，以此作为开发工具能提高网站的安全性。

　　4）扩展性，Django 作为一个框架，有极强的扩展性，可以在其基础开发各类网站应用。

相关知识

6.2.1　Web 开发基础

Web 开发是指构建、编写和维护网站或 Web 应用程序的过程。它包括创建静态网页、动态网页及交互式 Web 应用程序。本文将介绍 Web 开发的基本概念，包括前端、后端、HTTP 协议、HTML、CSS 和 JavaScript 等。

1. Web 开发的主要组成部分

在 Web 开发中，大致可以将任务划分为前端开发和后端开发两个部分。

（1）前端开发。

前端开发主要关注用户界面（User Interface, UI）和用户体验（User Experience, UE/UX）。前端开发人员负责构建网站的视觉层面，以及与用户交互的部分。前端开发需要掌握的主要技术有。

1）HTML（超文本标记语言）。用于定义网页结构和内容的标准标记语言。

2）CSS（级联样式表）。用于描述网页的样式、布局和显示效果。

3）JavaScript。一种广泛使用的编程语言，用于实现网页上的交互功能、动画效果等。

（2）后端开发。

后端开发主要关注数据处理、服务器逻辑和与前端的通信。后端开发人员负责处理用户请求、存储数据，以及确保网站的稳定性和安全性。后端开发需要掌握的主要技术有：

1）服务器端编程语言，例如：Python、Ruby、PHP、Java、Node.js 等。

2）数据库技术，例如：MySQL、PostgreSQL、MongoDB 等。

3）Web 服务器软件，例如：Apache、Nginx、IIS 等。

4）Web 框架，例如：Django、Ruby on Rails、Express.js 等。

2. HTTP 协议

HTTP（超文本传输协议）是互联网上应用较为广泛的一种网络协议。它定义了客户端（如浏览器）与服务器之间请求和响应的规范。HTTP 协议通常基于 TCP/IP 协议进行通信。

HTTP 有以下几种常见的请求方法。

（1）GET。用于请求指定资源的表示。

（2）POST。用于向指定资源提交数据，通常用于提交表单。

（3）PUT。用于更新指定资源的表示。

（4）DELETE。用于删除指定资源。

3. HTML、CSS 和 JavaScript

（1）HTML。

HTML 是一种用于构建网页结构和内容的标记语言。一个简单的 HTML 文档如图 6-2-2 所示。

```
1 <!DOCTYPE html>
2 <html>
3   <head>
4     <title>我的第一个网页</title>
5   </head>
6   <body>
7     <h1>欢迎来到我的网站! </h1>
8     <p>这是一个段落。</p>
9   </body>
10 </html>
```

图 6-2-2　HTML 文档

（2）CSS。

CSS 用于描述网页的样式和布局。CSS 可以直接嵌入 HTML 文档，也可以通过外部链接引入。一个简单的 CSS 示例如图 6-2-3 所示。

```
1 body {
2   font-family: Arial, sans-serif;
3   background-color: #f0f0f0;
4 }
5
6 h1 {
7   color: #333;
8 }
9
10 p {
11   font-size: 14px;
12 }
```

图 6-2-3　CSS 文档

（3）JavaScript。

JavaScript 是一种编程语言，用于实现网页的交互功能。一个简单的 JavaScript 示例如图 6-2-4 所示。

```
1 document.getElementById('myButton').addEventListener('c
  lick', function() {
2   alert('按钮被点击! ');
3 });
```

图 6-2-4　JavaScript 文档

Web 开发是一个庞大且不断发展的领域。掌握前端和后端技术的基本知识是成为一名成功的 Web 开发人员的关键。

6.2.2 Django Web 框架

Django 是 Python 开发的一个开源的 Web 框架，可以用来快速搭建高性能、优雅的网站。Django 的主要目标是使得开发复杂的、数据库驱动的网站开发方法变得简单。Django 采用 MVC 的框架模式，即模型 M、视图 V 和控制器 C，也称为 MVT 模型，模型 M、视图 V、模板 T。

1. MTV 设计原理

相信大多数的 Web 开发者对于 MVC（Model、View、Controller）设计模式都不陌生，该设计模式已经成为 Web 框架中一种事实上的标准了，Django 框架自然也是一个遵循 MVC 设计模式的框架。

不过从严格意义上讲，Django 框架采用了一种更为特殊的 MTV 设计模式，其中的"M"代表模型，"V"代表视图，"T"代表模板。MTV 模式本质上也是基于 MVC 模式的，是从 MVC 模式变化而来的。

那么，MTV 模式的具体内容是什么呢？下面，我们将 MTV 拆分开来逐一进行详细的介绍。

（1）M 模型（Model）。

表示的是数据存取层，处于 MTV 模式的底层。M 模型负责处理与数据相关的所有事务，包括如何存取、如何验证有效性、如何处理数据之间的关系等内容。

（2）T 模板（Template）。

表示的是表现层，处于 MTV 模式的顶层。T 模板负责处理与表现相关的操作，包括如何在页面或其他类型文档中进行显示等内容。

（3）V 视图（View）。

表示的是业务逻辑层，处于 MTV 模式的中间层。V 视图负责存取模型及调取适当模板的相关逻辑等内容，是 M 模型与 T 模板之间进行沟通的桥梁。

此外，MTV 模式还需要一个 URL 分发器，其作用是将 URL 页面请求分发给不同的 V 视图（View）去处理，然后 V 视图（View）调用相应的 M 模型（Model）和 T 模板（Template）。其实仔细品味可以发现，这个 URL 分发器所实现的就是 MVC 模式下控制器（Controller）设计的功能。URL 分发器的设计机制是使用正则表达式来匹配 URL，然后调用相应的 Python 函数方法。

任何一个 Web 前端设计模式都离不开控制器这个模块，其代表着业务处理的核心部分。在 MTV 模式（见图 6-2-5）中看不到控制器的设计，并不是 Django 框架没有设计该模块，而是因为将该模块的功能封装在底层了。这样做的好处就是，将开发人员从烦琐的控制层逻辑中解脱出来，通过编写更少的代码来实现用户需求，而控制层逻辑交由 Django 框架底层自动完成，极大地提高了开发人员的开发效率。

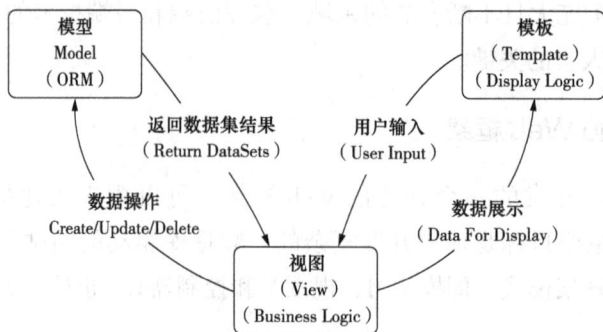

图 6-2-5　MTV 模式

2. Django 框架的 View 视图展示机制

Django 框架采用了 MTV 设计模式，在工作机制上自然也有些特别之处，其中较显著的就是 V 视图部分。MTV 模式中的 V 视图是不负责处理用户输入的，这一点就是 MTV 模式的特殊之处。

Django 框架下的 V 视图不负责处理用户输入，只负责选择要展示的数据并将其传递到 T 模板（Template）上。然后，由 T 模板负责展示数据（展示效果），并最终呈现给终端用户。进一步来说，就是 Django 框架将 MVC 中的 V 视图解构为 V 视图和 T 模板两个部分，分别用于实现"展现数据"和"如何展现"这两部分功能，这样 T 模板可以根据用户需求来随时更换，而不仅仅限制于内置的模板。

3. Django 框架的用户操作流程

Django 框架设计的 MTV 模式也是基于传统的 MVC 模式的，本质上也是为了各组件之间保持松耦合关系，只是定义上有些许不同。MVC 模式之所以能够成为 Web 框架较流行的设计标准，也是因为其比较完美地契合了用户的操作流程，如图 6-2-6 所示。

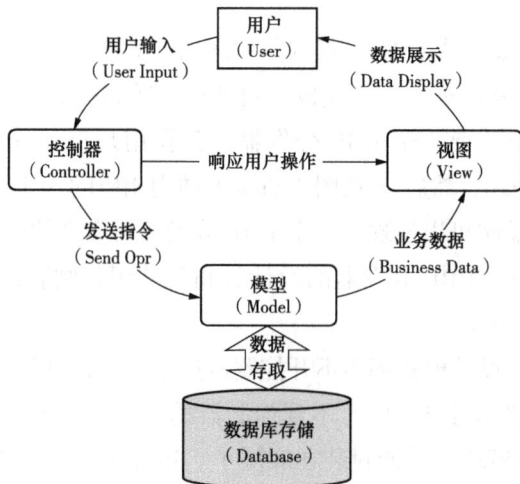

图 6-2-6　Django 框架的用户操作流程（MVC 模式）

MVC 模式是软件工程中的一种通用的软件架构模式，同样也适用于 Web 应用程序。MVC 将 Web 框架分为三个基本部分，即模型、视图和控制器，并以一种插件式的、松耦合的方式连接在一起。

在 MVC 模式中，模型负责编写具体的程序功能，建立业务对象与数据库的映射（ORM）；视图为图形界面，负责与用户的交互（HTML 页面）；控制器负责转发请求，并对请求进行处理。

知识拓展 📖

6.2.3　华为云 SDK 版本和 API 版本（以 Python 为例）

我们以设备影子为例（见图 6-2-7），来看下如何对比和使用华为云 SDK 和原生 API 的调用。

图 6-2-7　设备影子 API

1. SDK 版本

设备影子 SDK 如图 6-2-8 所示。

```
1   # coding: utf-8
2
3   from huaweicloudsdkcore.auth.credentials import BasicCredentials
4   from huaweicloudsdkcore.auth.credentials import DerivedCredentials
5   from huaweicloudsdkiotda.v5.region.iotda_region import IoTDARegion
6   from huaweicloudsdkcore.exceptions import exceptions
7   from huaweicloudsdkiotda.v5 import *
8
9   if __name__ == "__main__":
10      ak = "<YOUR AK>"
11      sk = "<YOUR SK>"
12
13      credentials = BasicCredentials(ak, sk) \
14              .with_derived_predicate(DerivedCredentials.
    get_default_derived_predicate()) \
15
16      client = IoTDAClient.new_builder() \
17          .with_credentials(credentials) \
18          .with_region(IoTDARegion.value_of("cn-north-4")) \
19          .build()
20
21      try:
22          request = ShowDeviceShadowRequest()
23          response = client.show_device_shadow(request)
24          print(response)
25      except exceptions.ClientRequestException as e:
26          print(e.status_code)
27          print(e.request_id)
28          print(e.error_code)
29          print(e.error_msg)
```

图 6-2-8　设备影子 SDK

2. http.client

设备影子 http.client 如图 6-2-9 所示。

```
1   import http.client
2
3   conn = http.client.HTTPSConnection("iotda.cn-north-4.myhuaweicloud.com")
4   payload = ''
5   headers = {
6       'Authorization': '<Your signed string>'
7   }
8   conn.request("GET", "/v5/iot/0df08a3c1100f3972f63c007d16f0bff/devices/
    {device_id}/shadow", payload, headers)
9   res = conn.getresponse()
10  data = res.read()
11  print(data.decode("utf-8"))
```

图 6-2-9　设备影子 http.client

3. Requests

设备影子 request 如图 6-2-10 所示。

```
1    import requests
2
3    url = "https://iotda.cn-north-4.myhuaweicloud.com/v5/iot/
     0df08a3c1100f3972f63c007d16f0bff/devices/{device_id}/shadow"
4
5    payload = ""
6  ∨ headers = {
7        'Authorization': '<Your signed string>'
8    }
9
10   response = requests.request("GET", url, headers=headers, data=payload)
11
12   print(response.text)
```

图 6-2-10 设备影子 request

最后要注意的是，要使用华为云 Python SDK，就需要拥有华为云账号，以及该账号对应的 Access Key（AK）和 Secret Access Key（SK）。请在华为云控制台"我的凭证 – 访问密钥"界面上创建和查看 AK&SK 。

若要使用华为云 Python SDK 访问指定服务的 API，就需要确认已在华为云控制台开通当前服务。

华为云 Python SDK 支持 Python3.3 以上的版本。可执行 Python –version 检查当前 Python 的版本信息。

任务小结

本任务主要学习了如何进行 Web APP 的开发，通过基于 Django 的框架的应用和任务的实施，帮助大家认识和熟悉如何开发一个针对智慧路灯的简单的 Web 应用。

任务评价

案例	评分项	打分	说明
PC Web 技术应用任务（学员 / 小组）	Pycharm 社区版本安装		
	Django 安装与项目创建		
	View 视图设计与后台代码编写		
	路由配置与结果运行		
	展示汇报		
	总分		

课后思考

简答题：

（1）APP 目前最新的形态都有哪些，其对应的主流 IDE 是什么？

（2）还有哪些与 Django 类似的 Web 开发框架？

任务单 6.1

任务 名称	微信小程序技术应用	
任务 目标	小程序 APP 开发及与华为云 SDK 的对接	
资源 准备	（1）微信小程序开发工具 （2）华为云物联网平台 （3）手机一台	
操作 步骤	（1）安装小程序开发者工具 （2）创建小程序 Hello World （3）获取 Token 的 wx request 的 URL 对接 （4）UI 设计 （5）温 / 湿度数据对接显示	
运行 结果		
评价	分数：	签字：

任务单 6.2

任务名称	Django Web 技术应用
任务目标	Django Web 开发及与华为云 SDK 的对接
资源准备	（1）Pycharm 开发工具 （2）华为云物联网平台
操作步骤	（1）安装 Pycharm 开发者工具和安装 Django （2）创建项目案例 （3）运行基本页面 （4）对接华为云 SDK （5）温 / 湿度数据对接显示
运行结果	
评价	分数： 签字：

项目 7
CodeArts 平台使用

7.1 任务 1 软件开

思维导图

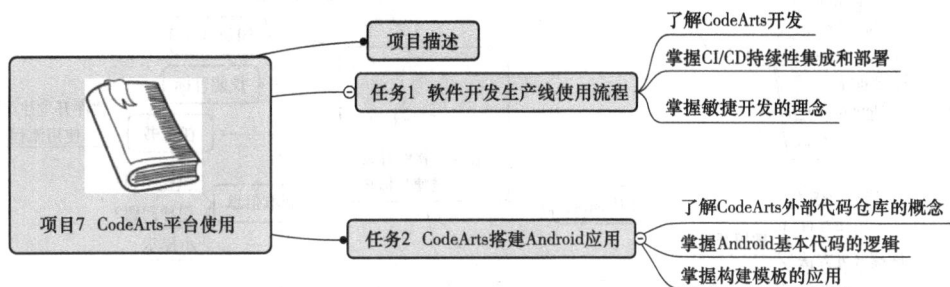

思维导图

项目描述

    智慧路灯系统项目的成败很大程度上取决于项目的管理，在第一章我们提到了不同的项目开发模式，这里开始要介绍华为最新的项目实践经验———一站式 DevOPS 研发管理平台 CodeArts，并通过基本的流程介绍和案例展示让大家体会何为优秀的开发模式。

    本项目包括 2 个独立的任务，任务 7.1 指导学员掌握软件开发生产线的使用流程，任务 7.2 是学习 CodeArts 搭建一个简单的 Android 应用。

7.1 任务 1 软件开发生产线使用流程

Q 思维导图

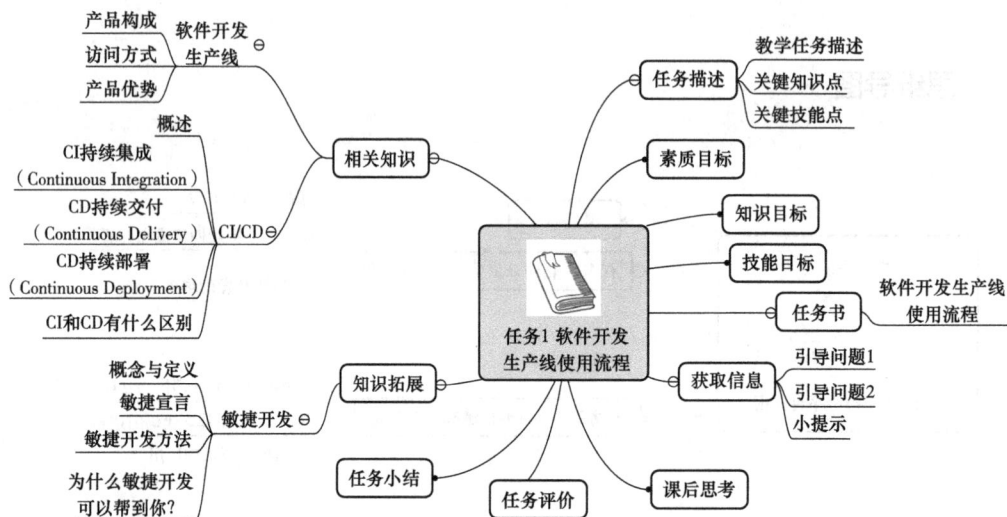

任务描述

（1）教学任务描述。该任务包括对 CodeArts 的认识，通过 CodeArts 搭建一个简单的 Android 应用，展示如何基于 CodeArts 管理我们的智慧路灯项目的需求、规划、编码和测试，以及后续的部署和发布等流程。

（2）关键知识点。CodeArts。

（3）关键技能点。CI/CD 持续性集成和部署。

知识目标

（1）了解 CodeArts 开发。

（2）掌握 CI/CD 持续性集成和部署。

（3）掌握敏捷开发的理念。

技能目标

（1）能够完成基于 Git 的开发流程。

（2）能够按照要求完成基于 CodeArts 的应用开发。

素质目标

（1）培养与客户沟通和交流的素养。
（2）培养认真的工作态度。

任 务 书

在老师的指导下，完成对 CodeArts 开发的认识，并以 Android 开发为目标，熟悉基于 CodeArts 的应用开发流程，由此培养云端开发的能力，如图 7-1-1 所示。

任务单

任务名称	软件开发生产线使用流程	
任务目标	熟悉软件开发生产线使用的基本流程	
资源准备	（1）拥有已实名认证的账号。若没有，请先注册华为账号，开通华为云，完成实名认证。 （2）已购买软件开发生产线（基础版免费）	
操作步骤	（1）配置项目： 需求管理服务是使用软件开发生产线各服务的基础 1）创建项目 2）添加项目成员 3）创建工作项 （2）配置代码仓库： 1）安装并配置 Git 客户端 2）创建代码仓库 3）克隆 / 推送代码 （3）配置流水线： 流水线集成代码检查、编译构建、部署等任务，可根据需要灵活配置流水线中的任务。流水线为非必须操作，根据需要配置即可 1）创建代码检查任务 2）创建构建任务 3）创建部署应用 4）配置流水线	
运行结果		
评价	分数：	签字：

图 7-1-1　任务单 - 软件开发生产线使用流程

获取信息 ✍

引导问题 1 什么是版本控制？为什么要安装 Git 这个工具呢？

小 提 示 💬

版本控制是一种记录一个或若干文件内容变化，以便将来查阅特定版本修订情况的系统。那什么是版本呢？在生活中，我们应该听过某某的书又出新版本了。苹果 11 又出来了，又该换手机了。新书、新手机对于之前的那本书来说就是新版本，以前的就是老版本。

在 Git 上通俗点说就是：对文件进行修改、保存并提交，则形成一个版本。它是一个主观行为，你修改或者开发阶段性的完成并提交了，即形成一个版本。每提交一次就形成一个版本。Git 就是对一系列的版本进行控制，并且是分布式的。

那什么是分布式？分布式的对立面是集中式。集中式就是所有的文件都存放在一台机器上，这台机器坏了，那就全部没有了。分布式就是所有的文件不仅仅存放在一处。在 Git 中，电脑上的 Git 仓库就是一个功能完整的系统，可以进行各种操作，也可以同步至 GitHub 服务器上。

引导问题 2 代码仓库是个有趣的概念，到底是怎么使用它的呢？

小 提 示 💬

在软件开发中，代码仓库是一个非常重要的工具，它用于存储和管理软件的源代码。通常，代码仓库包括一个或多个版本控制系统，可以记录每人代码版本的变更历史及开发者的提交记录。在团队协作开发中，代码仓库也具有非常重要的作用，可以方便地管理开发者之间的代码协作和版本控制。

相关知识 📖

7.1.1 软件开发生产线

软件开发生产线（CodeArts）是面向开发者提供的一站式云端 DevSecOps 平台，即开即用，随时随地在云端交付软件全生命周期，覆盖需求下发、代码提交、代码检查、代码编译、验证、部署、发布，打通软件交付的完整路径，提供软件研发流程的端到端支持。

1. 产品构成

软件开发生产线（见图 7-1-2）由以下几个主要服务构成。

（1）需求管理。为研发团队提供简单、高效的团队协作服务，内置多种开箱即用的场景化需求模型和对象类型（需求、缺陷、任务等），可支撑 IPD、DevOPS、精益看板等多种研发模式，还包含跨项目协同、基线与变更管理、自定义报表、Wiki 在线协作、文档管理等功能。

（2）代码托管。面向软件开发者的基于 Git 的在线代码托管服务，是具备安全管控、成员 / 权限管理、分支保护 / 合并、在线编辑、统计服务等功能的云端代码仓库，旨在解决软件开发者在跨地域协同、多分支并发、代码版本管理、安全性等方面的问题。

（3）流水线。提供可视化、可定制的自动交付流水线，帮助企业缩短交付周期，提升交付效率。

（4）代码检查。基于云端实现代码质量管理，软件开发者可在编码完成后执行多语言的代码静态检查和安全检查，获取全面的质量报告，并提供缺陷的分组查看与改进建议，有效管控代码质量，帮助产品成功。

（5）编译构建。为开发者提供配置简单的混合语言构建平台，实现编译构建云端化，支撑企业实现持续交付，缩短交付周期，提升交付效率。支持编译构建任务一键创建、配置和执行，实现获取代码、构建、打包等活动自动化，实时监控构建状态，让您更加快速、高效地进行云端编译构建。

（6）部署。提供可视化、一键式的部署服务，支持部署到虚拟机或者容器，提供 Tomcat、SpringBoot 等模板或者自由组装编排原子步骤进行部署，支持并行部署和流水线无缝集成，实现部署环境标准化和部署过程自动化。

（7）测试计划。面向软件开发者提供一站式云端测试平台，覆盖功能测试、接口测试，融入 DevOPS 敏捷测试理念，帮助我们高效管理测试活动，保障产品高质量交付。

（8）制品仓库。为软件开发团队提供管理软件发布过程的能力，保障软件发布过程的规范化、可视化及可追溯。

（9）CodeArts IDE Online。云端开发环境。向开发者提供按需配置、快速获取的工作空间（包含编辑器和运行环境），支持完成环境配置、代码阅读、编写代码、构建、运行、调试、预览等操作，并支持对接多种代码仓库。

（10）开源镜像站。由华为云提供的开源组件、开源操作系统及开源 DevOPS 工具镜像站，致力于为用户提供全面、高速、可信的开源组件 /OS/ 工具下载服务。

2. 访问方式

可以通过控制台、各服务 API 接口使用软件开发生产线。

软件开发生产线提供以下服务 API 接口。

（1）需求管理。

（2）代码托管。

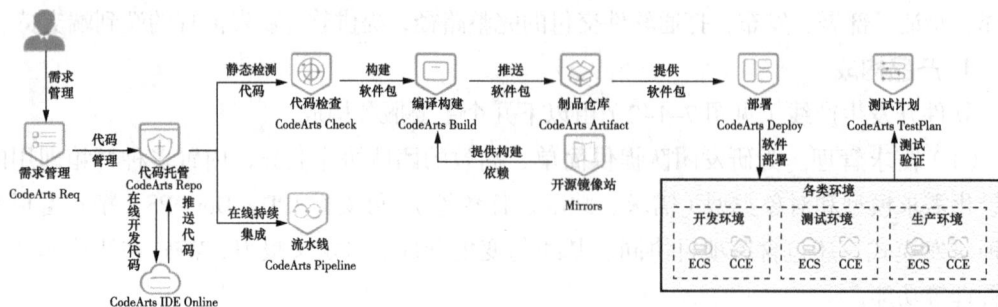

图 7-1-2　软件开发生产线

（3）流水线。

（4）代码检查。

（5）编译构建。

（6）部署。

（7）测试计划。

（8）制品仓库。

（9）CodeArts IDE Online。

（10）Classroom。

3. 产品优势

（1）一站式软件开发生产线。

软件开发全流程覆盖：支持需求管理、代码托管、流水线、代码检查、编译构建、部署、测试、制品仓库等全生命周期软件开发服务。

开箱即用，云上开发，全流程规范可视，高效异地协作。

（2）研发安全 Built-In。

在应用设计、开发、测试、运行等全流程提供安全规范及防护能力，支撑应用研发供应链安全、有效地落地。

提供威胁建模分析、GDPR 隐私保护问题分析、白盒安全编码检查、Web 漏洞扫描、主机漏洞扫描、容器配置安全检查等多种安全防护能力。

（3）华为多年研发实践能力及规范外溢。

华为多年研发优秀实践沉淀的工具能力外溢，支持 IPD、DevSevOps、敏捷、精益看板、CI/CD 持续交付等多种主流研发模式。

覆盖嵌入式、云服务、微服务、移动应用等多类应用开发场景；内置需求管理、代码检查、测试管理等众多华为研发规范。

（4）高质高效敏捷交付。

支持代码检查、构建、测试、部署任务自定义和全面自动化并提供可视化编排的持续交付流水线，一键应用部署，上线发布零等待。

需求管理、代码检查、测试计划、流水线门禁等内置华为经验规范，有效提升应用研发质量，问题早发现。

7.1.2　CI/CD

1. 概述

CI/CD 是一种通过在应用开发阶段引入自动化来频繁向客户交付应用的方法。CI/CD 的核心概念是持续集成、持续交付和持续部署。它是作为一个面向开发和运营团队的解决方案，主要针对在集成新代码时所引发的问题（也称为"集成地狱"）。CI/CD 可让持续自动化和持续监控贯穿于应用的整个生命周期（从集成和测试阶段，到交付和部署）。

通常，这些关联的事务统称为 CI/CD 管道，由开发和运维团队以敏捷方式协同支持。

2. CI 持续集成（Continuous Integration）

协同开发是目前主流的开发方式，也就是多位开发人员可以同时处理同一个应用的不同模块或者功能。但是，如果企业计划在同一天将所有开发分支代码集成在一起，最终可能会花费很多时间和进行很多重复劳动，费时费力。因为代码冲突是难以避免的。

如果开发人员本地的环境和线上不一致的话，那么这个问题就更加复杂了。持续集成（CI）可以帮助开发者更加方便地将代码更改合并到主分支。一旦开发人员将改动的代码合并到主分支，系统就会通过自动构建应用，并运行不同级别的自动化测试（通常是单元测试和集成测试）来验证这些更改，确保这些更改没有对应用造成破坏。

如果自动化测试发现新代码和现有代码之间存在冲突，CI 可以更加轻松地快速修复这些错误。

3. CD 持续交付（Continuous Delivery）

CI 在完成了构建、单元测试和集成测试这些自动化流程后，持续交付可以自动把已验证的代码发布到企业自己的存储库。

持续交付旨在建立一个可随时将开发环境的功能部署到生产环境的代码库。在持续交付过程中，每个步骤都涉及测试自动化和代码发布自动化。在流程结束时，运维团队可以快速、轻松地将应用部署到生产环境中。

4. CD 持续部署（Continuous Deployment）

对于一个完整、成熟的 CI/CD 管道来说，最后阶段是持续部署。它是作为持续交付的延伸，持续部署可以自动将应用发布到生产环境。实际上，持续部署意味着开发人员对应用的改动，在编写完成后的几分钟内就能及时生效（前提是它通过了自动化测试）。这更加便于运营团队持续接收和整合用户反馈。

总而言之，所有这些 CI/CD 的关联步骤都极大地降低了应用的部署风险。不过，由于还需要编写自动化测试以适应 CI/CD 管道中的各种测试和发布阶段，因此前期工作量还是很大的。

5. CI 和 CD 有什么区别?

CI/CD 中的 CI 始终是指持续集成，它属于开发人员的自动化流程。成功的 CI 意味着应用代码的新更改会定期构建、测试并合并到共享存储库中。该解决方案可以解决在一次开发中有太多应用分支，从而导致相互冲突的问题。

CI/CD 中的 CD 是指持续交付和 / 或持续部署，这些相关概念有时会交叉使用。两者都事关管道后续阶段的自动化，但它们有时也会单独使用，用于说明自动化程度。持续交付（第一种 CD）通常是指开发人员对应用的更改会自动进行错误测试并上传到存储库（如 GitHub 或容器注册表），然后由运维团队将其部署到实时生产环境中。这旨在解决开发和运维团队之间可见性及沟通较差的问题。因此，持续交付的目的就是确保尽可能减少部署新代码时所需的工作量。

持续部署（另一种 CD）是指自动将开发人员的更改从存储库发布到生产环境，以供客户使用。它主要为了解决因手动流程降低应用交付速度，从而使运维团队超负荷的问题。持续部署以持续交付的优势为根基，实现了管道后续阶段的自动化。

所以，用一张图总结一下，如图 7-1-3 所示。

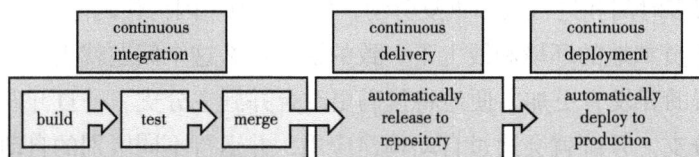

图 7-1-3　CI-CD 流程

知识拓展

7.1.3　敏捷开发

1. 概念与定义

敏捷软件开发（Agile software development），又称敏捷开发，是一种从 20 世纪 90 年代开始逐渐引起广泛关注的一些新型软件开发方法，是一种应对快速变化的需求的一种软件开发能力。它们的具体名称、理念、过程、术语都不尽相同，相对于"非敏捷"，更强调程序员团队与业务专家之间的紧密协作、面对面的沟通（认为比书面的文档更有效）、频繁交付新的软件版本、紧凑而自我组织型的团队、能够很好地适应需求变化的代码编写和团队组织方法，也更注重软件开发过程中人的作用。

2. 敏捷宣言

"敏捷"一词来源于 2001 年初美国犹他州雪鸟滑雪圣地的一次敏捷方法发起者和实践者（他们发起组成了敏捷联盟）的聚会。雪鸟会议共同起草了《敏捷软件开发宣言》，其中最重要的部分就是对一些与会者一致同意的软件开发价值观的表述。

（1）价值观。

1）个体和互动高于流程和工具。

2）工作的软件高于详尽的文档。

3）客户合作高于合同谈判。

4）响应变化高于遵循计划。

5）也就是说，尽管右项有其价值，但我们更重视左项的价值。

（2）原则。

敏捷宣言中还包括以下原则。

1）对我们而言，最重要的是通过尽早和不断交付有价值的软件满足客户需要。

2）我们欢迎需求的变化，即使在开发后期。敏捷过程能够驾驭变化，保持客户的竞争优势。

3）经常交付可以工作的软件，从几星期到几个月，时间尺度越短越好。

4）业务人员和开发者应该在整个项目过程中始终朝夕在一起工作。

5）围绕斗志高昂的人进行软件开发，给开发者提供适宜的环境，满足他们的需要，并相信他们能够完成任务。

6）在开发小组中最有效率，也最有效果的信息传达方式是面对面的交谈。

7）可以工作的软件是进度的主要度量标准。

8）敏捷过程提倡可持续开发。出资人、开发人员和用户应该总是维持不变的节奏。

9）对卓越技术与良好设计的不断追求将有助于提高敏捷性。

10）简单——尽可能减少工作量的艺术至关重要。

11）最好的架构、需求和设计都源自自我组织的团队。

12）每隔一定时间，团队都要总结如何更有效率，然后相应地调整自己的行为。调用获取 IAM 用户 Token（使用密码）接口获取 Token。

3. 敏捷开发方法

除了《敏捷软件开发宣言》内所提到的价值观和原则以外，敏捷开发并没有一个完整的方法列表，因为所有的敏捷开发方法都是广大开发人员在日常的工作中摸索出来的，针对某种特定场景适用的方法。也就是说，以下所列出的敏捷开发方法并不一定适用于我们的团队或者我们的问题，但是敏捷鼓励所有人按照自己的方式尝试任何的方法，只要这种方法遵循以上价值观和原则，那么它就是一种敏捷方法。

（1）Scrum。

（2）看板方法（Kanban）。

（3）敏捷建模（Agile Modeling）。

（4）特性驱动开发（Feature-driven development，FDD）。

（5）测试驱动开发（Test-driven development，TDD）。

（6）极限编程（eXtreme Programming，XP）。

（7）精益开发（Lean Development）。

（8）微软解决方案框架敏捷版（Microsoft Solution Framework（MSF）for Agile）。

（9）敏捷数据方法（Agile Data Method）。

（10）自适应软件开发（Adaptive Software Development，ASD）。

（11）Six Sigma。

（12）水晶方法（Crystal）。

（13）行为驱动开发（Behavior-driven development，BDD）。

（14）动态系统开发方法（Dynamic Systems Development Method，DSDM）。

（15）探索性测试（Exploratory Testing）。

《2019年中国DevOPS现状报告》中，针对国内各种敏捷开发方法的调研结果显示：在所有敏捷方法中，Scrum、看板方法、自定义混合模式是最受企业欢迎的前三种敏捷开发方法，占比分别为45.41%、41.23%、31.46%。

由CollabNet VersionOne发布的《第13届年度敏捷状态报告》中，敏捷方法应用状况的调研结果显示：Scrum和Scrum/XP混合（64%）仍然是受访者组织使用的较常见的敏捷方法。

4. 为什么敏捷开发可以帮到你？

误解：敏捷开发是为了快速交付吗？

敏捷开发不是一种为了快速交付而出现的方法，它之所以比较快是因为避开了许多浪费的处理方式。

那么，敏捷开发改善了些什么？

（1）前置时间。

传统开发法依循计划、分析、设计、程序开发、测试再进行修改整合后发布的步骤进行，是一种顺序性开发模式，当前一个步骤用掉越多时间时，后面步骤的前置时间就会越长，而形成时间上越多的浪费。反观敏捷开发，实行的是一种务实的做法，当收集到足够一次迭代开发的需求时即向下一个步骤前进，尽量缩短前置时间的浪费，然后将"分析、设计、开发与测试"形成一个开发步骤，缩短了步骤与步骤之间的衔接时间。

（2）首次发布。

敏捷开发采用迭代的开发方式，每个循环都会有一个潜在可发布的版本用来展示开发成果，这种展示给了客户进行回馈和改进的机会，让客户体会开发成果的做法，同时也给予了客户决定开发方向的绝对主权。

（3）需求过程。

敏捷开发不作完整的需求分析（因为计划总是赶不上变化的），当需求的搜集量和内容质量已经达到一定的要求，已经足够一个开发周期的工作量时就可以开始开发工作。

（4）测试方法。

敏捷开发对软件带来的最大影响便是测试了。传统的α（内部测试）、β（交付客户测试）、γ测试（优化处理）方式在采用敏捷开发后几乎不存在了，因为敏捷开发在开发周期内不断地进行测试工作，因此也就没有了在交付做α、β、γ测试时必须停止开发、冻结开发的时间浪费了。

任务小结

本任务主要学习了如何进行软件开发生产线的基本操作流程，通过 CodeArts 入门任务的实施，帮助大家认识和熟悉 DevOPS 的优秀产品和平台，也为后续应用开发奠定更好的基础。

任务评价

案例	评分项	打分	说明
软件开发生产线的基本操作流程 （学员 / 小组）	CodeArts 开通		
	Git 安装		
	代码仓库的创建与管理		
	展示汇报		
	总分		

课后思考

简答题：

（1）除了 CodeArts，业界还有哪些其他的 DevOPS 平台？

（2）CodeArts 是如何支持 Git 的使用的？

7.2 任务 2 CodeArts 搭建 Android 应用

思维导图

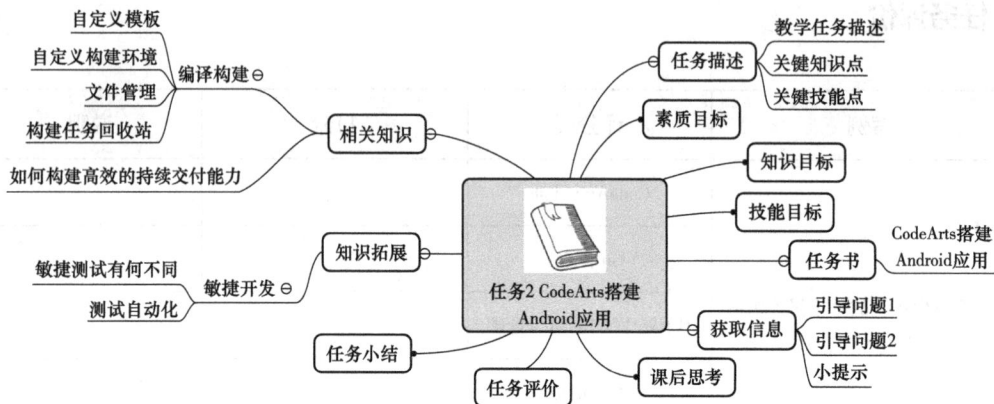

任务描述

（1）教学任务描述。该任务包括对 CodeArts 开发的进一步认知，通过 CodeArts 搭建 Android 应用的示范，展示如何完成移动 Android 应用的云端开发。

（2）关键知识点。CodeArts 外部代码仓库应用。

（3）关键技能点。编译构建。

知识目标

（1）了解 CodeArts 外部代码仓库的概念。

（2）掌握 Android 基本代码的逻辑。

（3）掌握构建模板的应用。

技能目标

（1）能够完成 CodeArts 的代码托管。

（2）能够按照要求进行基于 CodeArts 的 Android 应用开发。

素质目标

（1）培养与客户沟通和交流的素养。
（2）培养认真的工作态度。

任务书

在老师的指导下，完成对 CodeArts 开发的深入认知，并以 CodeArts 的安卓（Android）应用开发为目标，熟悉 CodeArts 开发基本流程，由此培养物联网应用程序云端开发的素养和能力，如图 7-2-1 所示。

任务单

任务名称	CodeArts 搭建 Android 应用	
任务目标	学习如何使用 CodeArts 云端开发 Android Hello World 示例	
资源准备	（1）拥有已实名认证的账号。若没有，请先注册华为账号并开通华为云完成实名认证 （2）开通 CodeArts 服务（基础版免费） （3）熟悉开源项目 https://github.com/chiuki/android-hello-world	
操作步骤	（1）新建项目： 进入华为云"控制台"，鼠标移动到页面左侧菜单栏，单击服务列表>"开发与运维">"软件开发生产线 CodeArts"进入 （2）创建代码仓库 创建项目完成后会自动跳转进入项目，单击"代码"–>"代码托管"，然后单击"普通新建"–>"导入外部仓库"的路径创建代码仓库。 （3）编译构建： 在页面单击"持续交付">"编译构建"选项，进入编译构建页面。 （4）安装应用： 通过软件发布库下载 apk 安装包或扫描二维码，安装至 Android 手机中进行测试	
运行结果		
评价	分数：	签字：

图 7-2-1　任务单 –CodeArts 搭建 Android 应用

获取信息

引导问题 1　我对 Android 不太懂，它的代码结构如何理解？

小 提 示

APP 目录下有 3 个子目录，功能说明如下：

（1）manifests 子目录，下面只有一个 xml 文件，为 AndroidManifest.xml，是 APP 运行的配置文件。

（2）java 子目录，下面有 3 个 com.example.myapplicationtest3 的包（以 com. example. 项目名称为后缀的），其中第一个包存放的是 APP 工程的 java 源代码，后面两个包存放的是测试用的 java 代码。

（3）res 子目录，存放的是 APP 工程的资源文件。下面默认有 4 个子目录。

1）drawable 目录：存放的是图形描述文件与用户上传的图片。

2）layout 目录：存放的是 APP 页面的布局文件。

3）mipmap 目录：存放的是启动图标等图标类文件。

4）values 目录：存放的是一些常量定义文件，比如字符串常量 string.xml、像素常量 dimens.xml、颜色常量 colors.xml、样式风格定义 styles.xml 等。

引导问题 2　为什么选择 Gradle 作为构建 Android 的工具呢？

小 提 示

Gradle 是比较先进的构建系统，也是一个很好的构建工具，允许通过插件自定义构建逻辑。

以下是为什么 Android Studio 选择 Gradle 的主要原因：

（1）使用领域专用语言（Domain Specific Language）来描述和处理构建逻辑（简称 DSL）。

（2）基于 Groovy。DSL 可以混合各种声明元素，用代码操控这些 DSL 元素达到逻辑自定义。

（3）支持已有的 Maven 或者 Ivy 仓库基础建设。

（4）非常灵活，允许使用 best practices，并不强制让你遵照它的原则来进行。

（5）其他插件时可以暴露自己的 DSL 和 API 来让 Gradle 构建文件使用。

（6）允许 IDE 集成是很好的 API 工具。

7.2.1　编译构建

编译构建服务提供配置简单的混合语言构建平台，支持任务一键创建、配置和执行，实现获取代码、构建、打包等活动自动化。

1. 自定义模板

当预置的构建模板无法满足构建需求时，可以选择自定义构建模板。

（1）登录首页，单击"服务 > 编译构建"。

（2）在列表中选择构建任务，单击任务名称进入"构建历史"页面。

（3）单击页面右上角 ⋮，在下拉列表中选择"保存模板"选项。

（4）在弹出的对话框中输入模板名称与模板描述，然后单击"保存"按钮进行保存。

（5）单击页面右上角的用户名，在下拉菜单中选择"租户设置"选项。

（6）单击导航"编译构建 > 自定义模板"，即可在列表中看到已保存的构建模板。

2. 自定义构建环境

当预置的构建环境无法满足构建需求时，可以选择自定义构建环境。

（1）登录首页，单击页面右上角的用户名，在下拉菜单中选择"租户设置"选项。

（2）单击导航"编译构建 > 自定义构建环境"。

（3）根据需要选择合适的基础镜像，单击镜像下载 Dockerfile 模板。

（4）在本地编辑 Dockerfile 文件，使用编译构建服务构建 Docker 镜像，并使用此镜像完成构建任务。更详细的操作请参考自定义构建镜像。

3. 文件管理

文件管理主要用来存储 Android APK 的签名文件和 Maven 构建 settings.xml 文件并提供对这类文件的管理（如新建、编辑、删除、权限设置），文件大小限制为 100KB，文件类型限制为 .xml、.key、.keystore、.jks、.crt、.pem。

（1）登录首页，单击页面右上角的用户名，在下拉菜单中选择"租户设置"选项。

（2）单击导航"编译构建 > 文件管理"。

（3）单击页面右上角的"上传文件"。

（4）将签名文件拖曳到弹出的对话框中的指定区域，输入描述，勾选"同意"声明，单击"保存"选项。

4. 构建任务回收站

构建任务被删除后，将会保存在构建任务回收站中。租户账号可以对删除后的构建任务进行管理。

（1）登录首页，单击页面右上角的用户名，在下拉菜单中选择"租户设置"。

（2）单击导航"编译构建 > 构建任务回收站"，页面中展示已删除的构建任务。

（3）根据需要可以完成修改任务保留的时间、搜索、删除、恢复等相关操作。

7.2.2 如何构建高效的持续交付能力

持续集成、持续交付、持续部署，以及持续发布，到底是什么含义？

在回答之前，请大家先思考这样一个问题：什么是交付过程中较难的事情？

集成的过程，测试的过程，以及部署与发布，都很痛苦，否则不会有敏捷与 DevOPS 的各种方法与实践来解决这些问题，但是这些过程又都非常重要。就此问题，引用极限编程里面的四句话来回答：

（1）如果集成是重要的（集成的目的在于测试），那么我们将在一天中多次集成并测试。

（2）如果测试是好的，那么所有人都应该始终进行测试。

（3）如果设计是好的，那么我们应该把它当作日常事务的一部分。

（4）如果迭代短些好，那么我们将使迭代时间非常短，秒、分钟或小时，而不是周、月或年。

因此，给出的对策：如果一件事非常重要，那么我们就把它做到极致。在开始行动之前，首先应思考需要解决的是什么问题，而不是去问应该采纳何种方式。不应去问持续集成应该怎么做，TDD 应该怎么做。那些都是解决方案域的东西，而应先弄清楚自身现存什么问题。正如去医院看病，不是直接找医生开药，而是应该问清楚自己是什么病，再对症开具体的药。实践的目的是解决具体问题，而不是解决所有问题。

所以说，大部分问题是文化的问题，而不是一个 DevOPS 的问题。文化可以化解一切，而一切的根因又归结于文化。

知识拓展

7.2.3 敏捷测试

在敏捷转型的过程中，传统的测试团队、测试人员遇到的挑战是巨大的，多方面的。本节将讲述敏捷测试的特点，以及在敏捷转型的过程中，测试人员在工作方式、组织架构、技术要求等各方面遇到的转变及挑战，并将结合华为云 CodeArts，为大家着重讲解如何通过敏捷测试管理工具更好的在团队中实践敏捷测试的种种变化。

1. 敏捷测试有何不同

在传统项目中，我们往往更习惯于去严格定义软件开发生命周期中的各个阶段。例如，从制订发布计划和需求定义开始，最终以测试和延迟的发布结尾。对于测试来说，在传统项目中往往被迫担任门卫的角色。

对于团队的领导，或者大部分项目干系人来说，测试往往被寄予期望承担项目质量控制的职责。然而在传统项目中这点很难做到，因为测试既不能控制代码如何编写，也不能控制开发人员测试他们的代码，但所有的质量把控都被希望能压缩在开发之后的测试阶段圆满完成。

在敏捷项目中，测试人员不再坐在那里等待工作的降临，而是主动寻找在整个开发周期中都贡献价值的方式：与用户一起编写需求的测试用例，与开发人员一起寻找程序中的漏洞，聚焦使用覆盖面更广、更灵活的测试方法。在敏捷项目中，开发人员从来不超前于测试人员，因为一个功能在被测试之前处于"未完成"状态。敏捷测试与传统测试对比见表 7-2-1。

表 7-2-1 敏捷测试与传统测试对比

敏捷测试	传统测试
适应性	计划性
阶段性	持续性
强调协作	注重记录
关注产品	关注漏洞（bug）
全功能团队	智能独立

我们可以简单地总结出敏捷测试具有如下几个特点：

（1）强调从客户的角度，即从使用系统的用户角度来测试系统。

（2）重点关注持续迭代地测试新开发的功能，而不再强调传统测试过程中严格的测试阶段。

（3）建议尽早开始测试，一旦系统某个层面可测，比如提供了模块功能，就要开始模块层面的单元测试。同时随着测试的深入，持续进行回归测试保证之前测试过的内容的正确性。

2. 测试自动化

在敏捷和 DevOPS 中，测试的自动化是必需的。我们需要用自动化的手段去管理关键的测试活动，并为开发提供必要的反馈。下面就让我们来看看测试自动化都包含哪些内容，以及如何做好测试自动化。

（1）测试金字塔。

在开始测试自动化的内容之前，我们先来看一个经典的测试自动化的模型—测试金字塔，如图 7-2-2 所示。

测试金字塔模型的目的是，指导团队从测试自动化中尽量以最低的投入获得最大的价值。金字塔展示了 3 个不同的自动化测试层次。

最低的一层是基础，主要由单元测试、组件测试等面向技术的测试所构成的，这一

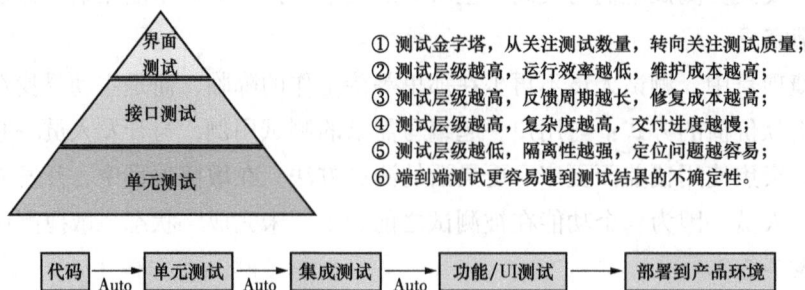

① 测试金字塔，从关注测试数量，转向关注测试质量；
② 测试层级越高，运行效率越低，维护成本越高；
③ 测试层级越高，反馈周期越长，修复成本越高；
④ 测试层级越高，复杂度越高，交付进度越慢；
⑤ 测试层级越低，隔离性越强，定位问题越容易；
⑥ 端到端测试更容易遇到测试结果的不确定性。

1）持续测试将测试金字塔的三层自动化测试加入持续集成（CI）中，代码提交，自动触发自动化测试过程，反馈测试结果。
2）持续测试保证产品源码具备随时可发布上线的状态，保证团队的持续交付能力。

图 7-2-2　测试金字塔

层也代表了大多数的自动化测试。在这一层中，测试用例的单元隔离性最好，定位分析问题最容易，使用的代价也最低。

金字塔的中间一层包含大多数用来支持团队的自动化业务测试。这些功能测试旨在验证我们在做正确的事。

金字塔的顶层很少使用自动化，因为他的运行效率最低，开发复杂度最高，测试ROI最低。

（2）什么是测试自动化。

前面提到了很多自动化测试的手段，例如单元测试、API测试等。这些是测试的执行部分，也就是把一些测试执行的人工测试手段通过工具做成自动化的测试过程。但是测试自动化不仅只是执行部分，还包括从环境的获取到生成测试数据、执行自动化测试、最终生成结果并提供反馈。如果测试结果有问题，系统会自动推给相关的人。最终自动生成测试报告，测试人员可以直接拿到测试结果。这整个闭环的过程才是测试自动化的最终组成。

接下来，让我们看看在CodeArts中提供了哪些帮助我们完成测试自动化实践的工具。

（1）在测试管理上提供了包括前面提到的整体测试流程管理、测试的用例和需求、虚线能够双向可追溯。

（2）在自动化方面，提供了移动应用测试、API测试和性能测试。

a. 移动应用测试提供了对应用软件包进行系统化的兼容性测试，检测软件包是否有兼容性的问题，能够涵盖多少用户。

b. 接口测试提供自动化的API测试工具，通过编写测试用例实现对API的自动化测试。

c. 性能测试可为用户模拟一些大并发的场景、提供多种加压策略，能够在测试过程中对于用户的吞吐量、响应时间、负载能力，整体进行结构分析。在测试完成后还提供多维度可视化的看板，能够详细了解测试执行的情况。

任务小结

本任务主要学习了如何进行全方位实践 CodeArts 开发，通过 CodeArts 搭建 Android 应用任务的实施，帮助大家认识和熟悉如何开启全新的开发运维新模式。

任务评价

案例	评分项	打分	说明
使用 CodeArts 快速搭建项目任务 （学员 / 小组）	CodeArts 配置		
	外部代码仓库导入		
	编译构建配置及执行		
	APK 安装测试		
	展示汇报		
	总分		

课后思考

简答题：

（1）CodeArts 上的构建模板都支持哪些内容？

（2）敏捷测试如何应用到 CodeArts 项目中？

任务单 7.1

任务名称	软件开发生产线使用流程		
任务目标	熟悉软件开发生产线使用基本流程		
资源准备	（1）拥有已实名认证的账号。若没有，请先注册华为账号并开通华为云完成实名认证 （2）已购买软件开发生产线（基础版免费）		
操作步骤	（1）配置项目： 需求管理服务是使用软件开发生产线各服务的基础 1）创建项目 2）添加项目成员 3）创建工作项目 （2）配置代码仓库： 1）安装并配置 Git 客户端 2）创建代码仓库 3）复制 / 推送代码 （3）配置流水线： 流水线集成代码检查、编译构建、部署等任务，可根据需要灵活配置流水线中的任务。流水线为非必须操作，根据需要配置即可 1）创建代码检查任务 2）创建构建任务 3）创建部署应用 4）配置流水线		
运行结果			
评价	分数：		签字：

任务单 7.2

任务 名称	CodeArts 搭建 Android 应用	
任务 目标	学习如何使用 CodeArts 云端开发 Android Hello World 示例	
资源 准备	（1）拥有已实名认证的账号。若没有，请先注册华为账号并开通华为云完成实名认证 （2）开通 CodeArts 服务（基础版免费） （3）熟悉开源项目 https://github.com/chiuki/android-hello-world	
操作 步骤	（1）新建项目： 进入华为云"控制台"，将鼠标移动到页面左侧的菜单栏，单击服务列表 > "开发与运维" > "软件开发生产线 CodeArts"进入 （2）创建代码仓库： 创建项目完成后会自动跳转进入项目，单击"代码" –> "代码托管"，然后单击"普通新建" –> "导入外部仓库"的路径创建代码仓库 （3）编译构建： 在页面单击"持续交付" > "编译构建"选项，进入编译构建页面 （4）安装应用： 通过软件发布库下载 apk 安装包或扫描二维码，安装至 Android 手机中进行测试	
运行 结果		
评价	分数：	签字：

项目 8
物联网与大数据

8.1 任务 1 数据转发至 O

思考题

思维导图

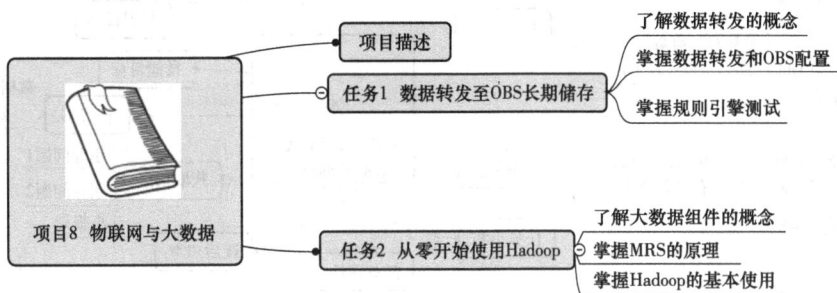

项目描述

项目8 物联网与大数据

- 项目描述
- 任务1 数据转发至OBS长期储存
  - 了解数据转发的概念
  - 掌握数据转发和OBS配置
  - 掌握规则引擎测试
- 任务2 从零开始使用Hadoop
  - 了解大数据组件的概念
  - 掌握MRS的原理
  - 掌握Hadoop的基本使用

项目描述

本项目是关于智慧路灯的数据上云后，如何进行数据的进一步分析而设立的，具体包括 2 个独立的任务，任务 1 指导学员通过 IoTDA 的数据转发功能，将物联网数据转发到华为云 OBS 中，任务 2 是基于华为云提供的 MRS 对存储在 OBS 中的数据做针对性的分析和展示。

8.1 任务 1 数据转发至 OBS 长期储存

思维导图

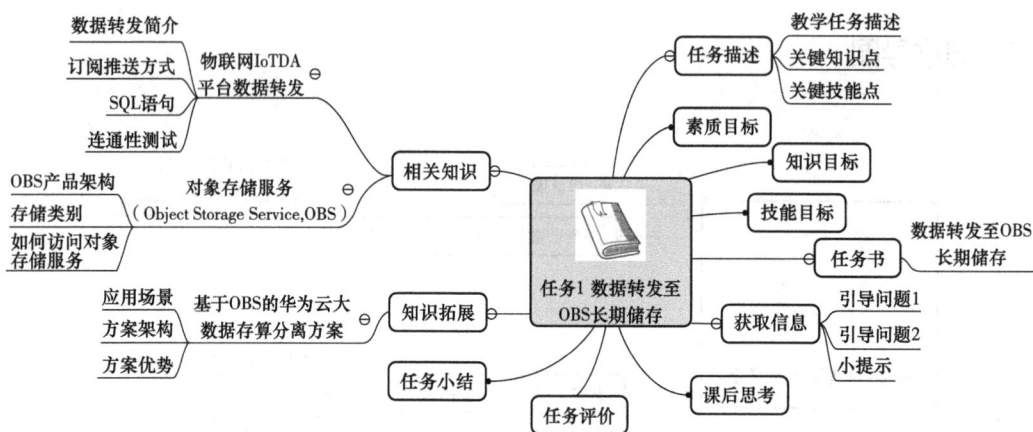

任务描述

（1）教学任务描述。该任务包括对 IoTDA 的数据转发功能的认知，通过物联网数据转发到华为云 OBS 中的示范，展示如何完成物联网数据的转储，以供后续的大数据组件进行深入分析。

（2）关键知识点。数据转发原理及其配置。

（3）关键技能点。OBS 设置。

知识目标

（1）了解数据转发的概念。

（2）掌握数据转发和 OBS 配置。

（3）掌握规则引擎测试。

技能目标

（1）能够完成数据转发的流程分析。

（2）能够按照要求进行 OBS 与物联网数据的对接。

素质目标

（1）培养与客户沟通和交流的素养。
（2）培养认真的工作态度。

任 务 书

在老师的指导下，完成对数据转发的认识，并以转储到 OBS 为目标，熟悉物联网和大数据的融合关系，如图 8-1-1 所示。

任务单

任务名称	数据转发至 OBS 长期储存
任务目标	实现实际设备上报数据时将数据转发至 OBS
资源准备	（1）拥有已实名认证的账号。若没有，请先注册华为账号并开通华为云，完成实名认证 （2）OBS 桶
操作步骤	（1）创建 OBS 桶 （2）登录 IoTDA 控制台，进入"规则 > 数据转发"，单击"创建规则" （3）填写规则内容 （4）设置转发目标 （5）激活配置好的数据转发规则 （6）验证操作： 1）使用配置设备接入服务时注册的真实设备接入平台，上报任意数据 2）登录 OBS 管理控制台，单击桶名称进入桶管理页面后，在"对象"页面可以查看到设备上报的数据

图 8-1-1　任务单 – 数据转发至 OBS 长期储存

获取信息

引导问题 1　物联网平台的数据为什么要进行转发呢?

小 提 示 🗨

数据转发功能用于提供 IoTDA 与其他云服务的连接通道，从而实现将设备数据平滑流转至消息中间件、存储、数据分析、业务应用。将通过规则提取出来的消息字段转发给第三方服务时，我们可自定义如何处理这些数据。这种方式是提供给用户灵活性最高的一种消息处理方式。

引导问题 2　OBS 是什么样的存储服务呢？

小 提 示 🗨

对象存储服务（Object Storage Service，OBS）是一个基于对象的海量存储服务，为客户提供海量、安全、高可靠、低成本的数据存储能力。OBS 系统和单个桶都没有总数据容量和对象 / 文件数量的限制，为用户提供了超大存储容量的能力，适合存放任意类型的文件，适合普通用户、网站、企业和开发者使用。OBS 是一项面向 Internet 访问的服务，提供了基于 HTTP/HTTPS 协议的 Web 服务接口，用户可以随时随地连接到 Internet，通过 OBS 管理控制台或各种 OBS 工具访问和管理存储在 OBS 中的数据。此外，OBS 支持 SDK 和 OBS API 接口，可使用户方便管理自己存储在 OBS 上的数据，以及开发多种类型的上层业务应用。

相关知识 📖

8.1.1　物联网 IoTDA 平台数据转发

规则引擎是指用户可以在物联网平台上对接入平台的设备设定相应的规则，在条件满足所设定的规则后，平台会触发相应的动作来满足用户需求。包含设备联动和数据转发两种类型。

1. 数据转发简介

数据转发功能用于提供 IoTDA 与其他云服务的连接通道，从而实现将设备数据平滑流转至消息中间件、存储、数据分析、业务应用。各转发方式在各规格的支持情况，详见产品规格说明中基础版、标准版与企业版实例功能差异。当前物联网平台支持图 8-1-2 所示的转发方式。

分类	转发目标	说明	操作指导
数据分析	数据接入服务 DIS	将数据流转到华为云 DIS 云服务。目前 DIS 支持数据转存储至对象存储服务 OBS、MapReduce 服务 MRS、数据湖探索 DLI、数据仓库服务 DWS、表格存储服务 CloudTable。具体 DIS 支持的转存储任务以实际购买的实例为准。 应用场景：数据接入服务主要解决云服务外的数据实时传输到云服务内的问题。 规格参考：通道规格理论 1 个分区 1MB/s 接入，2MB/s 读取	数据转发至 DIS
	分布式消息服务 Kafka 版	将数据流转到华为云 DMS Kafka 云服务，适用于构建实时数据管道、流式数据处理、第三方解耦、流量削峰去谷等场景，具有大规模、高可靠、高并发访问、可扩展且完全托管的特点。 应用场景：在日志收集、流式数据传输、在线 / 离线系统分析、实时监控等领域有广泛的应用。 规格参考：Kafka 实例规格	数据转发至 Kafka 存储
	应用与数据集成平台 ROMAConnect	将数据流转到华为云 ROMA Connect，可以实现无缝连接应用、消息、数据、API、设备，帮助企业快速、简单的打通并管理遗留系统与云原生应用，ROMA Connect 是一个全栈式的应用与数据集成平台，源自华为数字化转型集成实践，聚焦应用和数据连接，适配多种企业常见的使用场景。 规格参考：ROMA 实例规格	

图 8-1-2　物联网平台支持的转发方式

2. 订阅推送方式

设备接入物联网平台后，便可与物联网平台进行通信。设备通过自定义 Topic 或产品模型方式将数据上报到平台，在控制台设置后，通过订阅推送的方式，将设备生命周期变更、设备属性上报、设备消息上报、设备消息状态变更、设备状态变更、批量任务状态变更等消息推送到用户指定的服务器。

当前，华为物联网平台支持 HTTP/HTTPS、AMQP 和 MQTT 这三种订阅方式，具体如下。

（1）HTTP/HTTPS 订阅推送。应用服务器通过调用物联网平台的创建规则触发条件、创建规则动作、修改规则触发条件接口配置并激活规则，在指定应用服务器的 URL 后，将平台获取发生变更的设备业务信息（如设备生命周期管理、设备数据上报、设备消息状态、设备状态等）和管理信息（软固件升级状态和升级结果）推送给指定 URL 的服务器。

（2）AMQP 和 MQTT 订阅推送。无须对接其他华为云服务即可实现数据流转。应用服务器通过调用物联网平台的创建规则触发条件、创建规则动作、修改规则触发条件接口配置并激活规则，在 AMQP/MQTT 客户端和平台建立链接后，物联网平台根据用户订阅的数据类型，即可将对应的变更信息推送给指定的 AMQP/MQTT 消息队列。

3. SQL 语句

创建数据转发规则时，需要编写 SQL 来解析和处理设备上报的 JSON 数据，JSON 数据具体格式参考流转数据。本文主要介绍如何编写数据转发规则的 SQL 表达式。

SQL 语句由 SELECT 子句和 WHERE 子句组成，每个子句不能大于 500 个字符，暂不支持中文等其他字符集。SELECT 子句和 WHERE 子句里的内容大小写敏感，SELECT 和 WHERE、AS 等关键字大小写不敏感。

物联网平台提供 SQL 在线调试功能。调试方法如下。

（1）编写 SQL 后，单击"调试语句"。

（2）在 SQL 调试对话框的"调试参数"选项区域中，输入用于调试数据，然后单击"启动调试"按钮。

4. 连通性测试

物联网平台提供规则动作转发目标连通性测试功能。在业务对接调测阶段，我们可使用连通性测试功能模拟业务数据调测规则动作的可用性及转发数据的业务一致性；在业务运行阶段数据转发出现故障时，可使用连通性测试功能进行简单的问题复现及定位。

创建转发规则及动作后，单击待调测转发目标中的"测试"按钮，如图 8-1-3 所示。

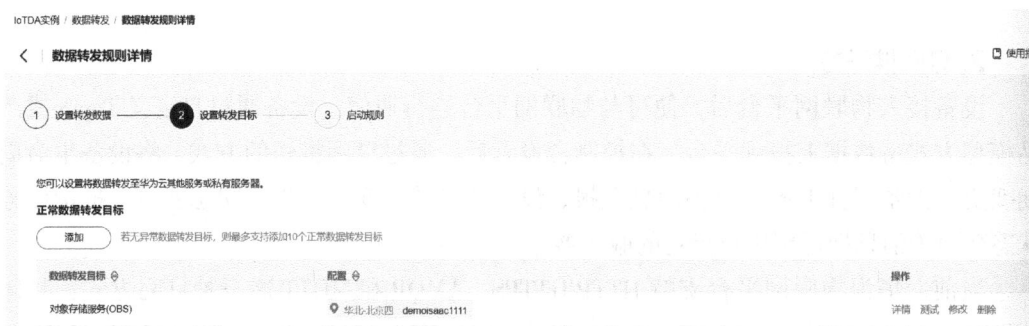

图 8-1-3　数据转发规则

在连通性测试对话框的"测试数据"选项区域，输入用于转发的测试数据，或单击右上角"模拟输入模板"按钮，使用模板数据，然后单击"连通性测试"，按钮，如图 8-1-4 所示。

图 8-1-4　数据转发连通性测试

8.1.2　对象存储服务

1. OBS 产品架构

OBS 的基本组成是桶和对象。

桶是 OBS 中存储对象的容器，每个桶都有自己的存储类别、访问权限、所属区域等属性，用户在互联网上通过桶的访问域名来定位桶。

对象是 OBS 中数据存储的基本单位，一个对象实际是一个文件的数据与其相关属性信息的集合体，包括 Key、Metadata、Data 三部分。

（1）Key。键值，即对象的名称，为经过 UTF-8 编码的长度大于 0 且不超过 1024 的字符序列。一个桶里的每个对象必须拥有唯一的对象键值。

（2）Metadata。元数据，即对象的描述信息，包括系统元数据和用户元数据，这些元数据以键值对（Key-Value）的形式被上传到 OBS 中。

1）系统元数据由 OBS 自动产生，在处理对象数据时使用，包括 Date、Content-length、Last-modify、ETag 等。

2）用户元数据由用户在上传对象时指定，是用户自定义的对象描述信息。

（3）Data。数据，即文件的数据内容。

华为云针对 OBS 提供的 REST API 进行了二次开发，为我们提供了控制台、SDK 和各类工具，方便我们在不同的场景下轻松访问 OBS 桶及桶中的对象。当然我们也可以利用 OBS 提供的 SDK 和 API（见图 8-1-5），根据业务的实际情况自行开发，以满足不同场景的海量数据存储需求。

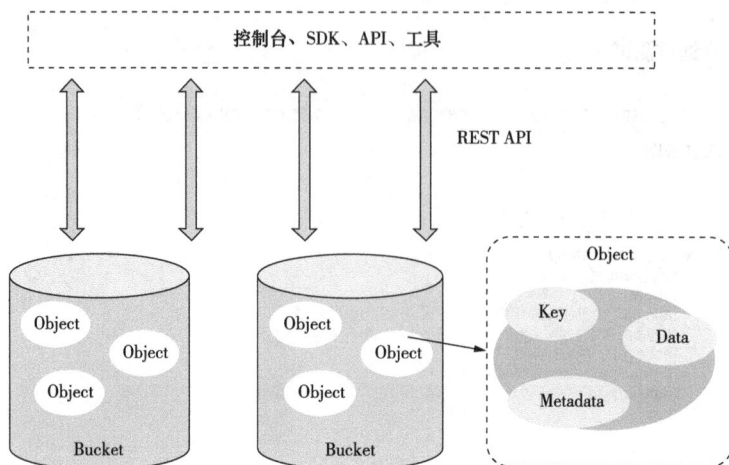

图 8-1-5　OBS 提供的 SDK 和 API

2. 存储类别

OBS 提供了标准存储、低频访问存储、归档存储、深度归档存储（受限公测中）四种存储类别，从而满足客户业务对存储性能、成本的不同需求。

（1）标准存储访问时延低和吞吐量高，因而适用于有大量热点文件（平均一个月多次）或小文件（小于 1MB），且需要频繁访问数据的业务场景，例如：大数据、移动应用、热点视频、社交图片等场景。

（2）低频访问存储适用于不频繁访问（平均一年少于 12 次）但在需要时也要求快速访问数据的业务场景，例如：文件同步 / 共享、企业备份等场景。与标准存储相比，低频访问存储有相同的数据持久性、吞吐量及访问时延，且成本较低，但是可用性略低于标准存储。

（3）归档存储适用于很少访问（平均一年访问一次）数据的业务场景，例如：数据归档、长期备份等场景。归档存储安全、持久且成本极低，可以用来替代磁带库。为了保持成本低廉，数据恢复时间可能长达数分钟到数小时不等。

（4）深度归档存储（受限公测）适用于长期不访问（平均几年访问一次）数据的业务场景，其成本相比归档存储更低，但相应的数据恢复时间将更长，一般为数小时。

上传对象时，对象的存储类别默认继承桶的存储类别，我们也可以重新指定对象的存储类别。

修改桶的存储类别，桶内已有对象的存储类别不会修改，新上传对象时的默认对象存储类别随之发生变化。

3. 如何访问对象存储服务

对象存储服务提供了多种资源管理工具，我们可以选择图 8-1-6 中的任意一种方式访问并管理对象存储服务上的资源。

工具	描述	使用方法
管理控制台	管理控制台是网页形式的。通过管理控制台，我们可以使用直观的界面进行相应的操作	控制台指南
OBS Browser（已下线）	OBS Browser 已于 2020 年 4 月 15 日下线，相关功能已集成到新版客户端工具 OBS Browser+ 中，请获取最新的 OBS Browser+ 工具	—
OBS Browser+	OBS Browser+ 是一款运行在 Windows 系统上的对象存储服务管理工具，OBS Browser+ 的图形化界面可以非常方便地让用户在本地对 OBS 进行管理	OBS Browser+ 工具指南
obsutil	obsutil 是一款用于访问管理 OBS 的命令行工具，我们可以使用该工具对 OBS 进行常用的配置管理操作。对于熟悉命令行程序的用户，obsutil 是执行批量处理、自动化任务的最佳选择	obsutil 工具指南
obsfs	obsfs 是 OBS 提供的一款基于 FUSE 的文件系统工具，主要用于将并行文件系统挂载至 Linux 系统，让用户能够在本地像操作文件系统一样直接使用 OBS 海量的存储空间	obsfs 工具指南
SDK	SDK 是对 OBS 服务提供的 REST API 进行的封装，以简化用户的开发工作。用户直接调用 SDK 提供的接口函数即可实现使用 OBS 业务能力的目的	SDK 参考

图 8-1-6　对象存储服务资源管理工具

知识拓展

8.1.3　基于 OBS 的华为云大数据存算分离方案

1. 应用场景

随着大数据技术的飞速发展，对数据价值的认识逐渐加深，大数据已经融入到了各行各业。根据华为云官方信息，超过 39.6% 的企业正在应用大数据并从中获益；超过 89.6% 的企业已经成立或计划成立相关的大数据分析部门；超过 60% 的企业在扩大大数据的投入力度。对各行业来说，大数据的使用能力成为未来取得竞争优势的一项关键能力。

在大数据场景下，数据已成为新资产，智能已成为新生产力。企业迫切需要完成数字化转型，提高生产力，使数据资产发挥最大价值。而传统企业在业务未上云之前，业务部署和数据存储往往都在本地 IDC 机房的多个集群，且一台服务器同时提供计算和存储能力，这种方式导致的表 8-1-1 所示的几个关键问题已成为企业数字化转型的阻碍。

2. 方案架构

针对传统企业在大数据场景面临的问题，华为云提供了基于对象存储服务（OBS）作为统一数据湖存储的大数据存算分离方案，如图 8-1-7 所示。

华为云大数据存算分离方案基于对象存储服务（OBS）的大容量高带宽能力，以及多协议共享访问技术（HDFS/POSIX/OBS API），实现 Hadoop 生态多计算引擎（Hive、Spark 等）兼容对接。

表 8-1-1　企业数字化类型阻碍

序号	关键词语	详细描述
1	多集群数据共享难	企业数据往往分别存储在互联网数据中心（Internet Data Center，IDC）多个集群，存在如下问题： 无全局视图，数据只能在集群内部使用； 复制是跨集群数据共享的唯一途径，数据备份时长； 公共数据集多份存储，数据冗余
2	计算存储资源绑定，导致资源浪费	计算和存储资源无法均衡，当计算和存储需求不一致时，只能等比扩容，势必造成一种资源的浪费
3	数据三份副本存储，利用率低，成本高	Hadoop 分布式文件系统（Hadoop Distributed File System，HDFS）使用三份副本保存数据，磁盘空间利用率仅33%，单盘利用率低于70%

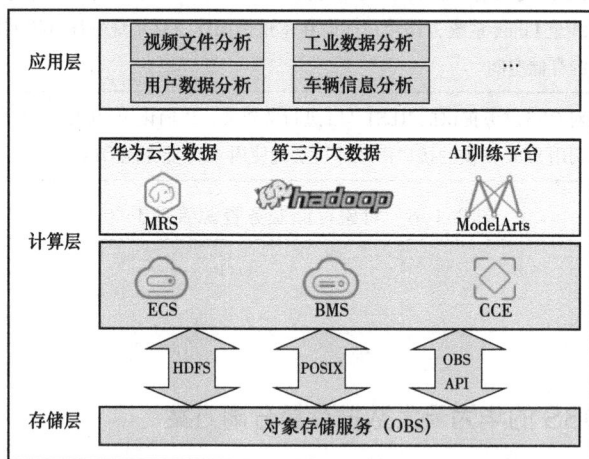

图 8-1-7　华为云大数据存算分离方案

3. 方案优势

相比传统企业在本地 IDC 机房部署大数据业务，华为云数据存算分离方案的主要优势如图 8-1-8 所示。

序号	主要优势	详细描述
1	融合高效，协同分析	·通过统一的权限控制，实现多集群间的数据共享。 ·数据"0"拷贝。 ·大数据和 AI 一体化，减少作业耗时
2	存算分离，资源利用率高	计算存储解耦，支持独立扩容或缩容，计算资源可弹性伸缩，资源利用率得到提升
3	数据 EC 冗余存储，利用率高，成本低	对象存储服务（OBS）支持利用率较高的分布式数据容错技术 Erasure code，磁盘利用率得到大幅提升，数据存储空间需求远低于三副本

图 8-1-8　华为云数据存算分离方案优势

此外，对象存储服务（OBS）提供了 OBSFileSystem 插件（OBSA-HDFS），可与上层大数据平台无缝对接，实现业务零改造。

OBSFileSystem 的主要作用：提供 HDFS 文件系统的相关接口实现，让大数据计算引擎（Hive、Spark 等）可以将 OBS 作为 HDFS 协议的底层存储，如图 8-1-9 所示。

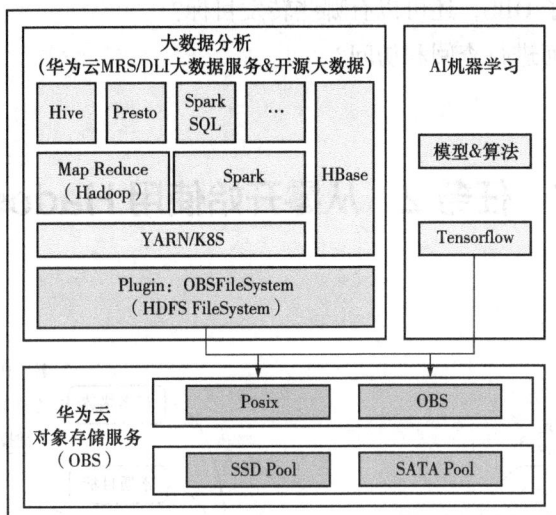

图 8-1-9　OBSFileSystem 主要作用图示

基于上述优势，华为云存算分离大数据方案相比传统大数据方案，在同样的业务规模下所使用的计算资源、存储资源及服务器数量都会有明显下降，同时资源利用率也能得到显著提升，可帮助企业降低业务综合成本。

任务小结

本任务主要学习了如何进行数据转发操作，通过物联网数据到 OBS 存储的实施，帮助大家认识和熟悉物联网如何与大数据进行融合。

任务评价

案例	评分项	打分	说明
数据转发至 OBS 长期储存任务 （学员 / 小组）	数据转发 规则配置		
	OBS 创建		
	结果输出		
	展示汇报		
	总分		

简答题：

（1）数据转发除了 OBS，还可以有哪些转发目标？

（2）OBS 数据如何进行查阅和访问？

8.2 任务 2 从零开始使用 Hadoop

思维导图

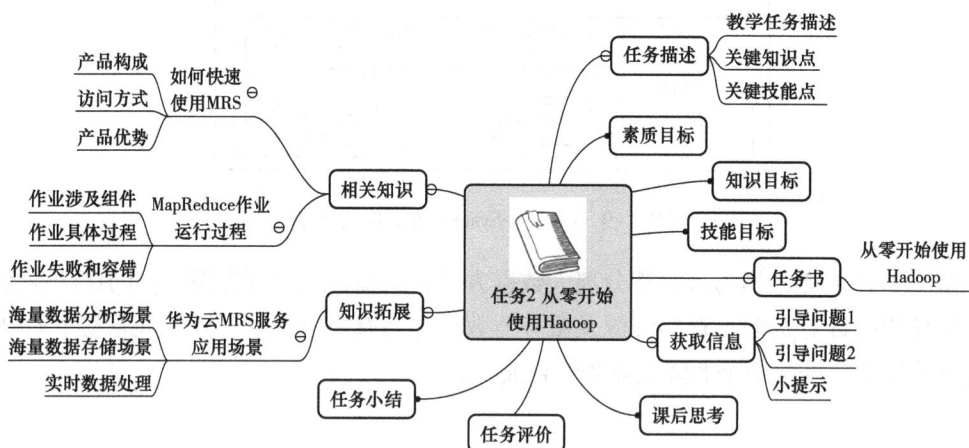

任务描述

（1）教学任务描述。该任务包括对华为云 MRS 的认知，通过从零开始使用 Hadoop 分别通过界面和集群后台节点提交 wordcount 作业的操作指导，展示在华为云上如何开展大数据技术的落地和应用。其中，wordcount 是较经典的 Hadoop 作业，它用来统计海量文本的单词数量。

（2）关键知识点。MR 原理及应用，Hadoop 原理。

（3）关键技能点。Hadoop 的应用。

知识目标

（1）了解大数据组件的概念。

（2）掌握 MRS 的原理。

（3）掌握 Hadoop 的基本使用。

技能目标　⚒

（1）能够完成 MR 的原理分析。
（2）能够按照要求进行 Hadoop 样例程序的应用。

素质目标

（1）培养与客户沟通与交流的素养。
（2）培养认真的工作态度。

任 务 书　📖

在老师的指导下，完成对华为云大数据组件的认识，并以基于 Hadoop 样例程序实现海量文本的单词数量统计，以此培养大数据分析的基本应用能力，如图 8-2-1 所示。

任务单

任务名称	从零开始使用 Hadoop	
任务目标	（1）熟悉 MapReduce 服务（MapReduce Service），轻松运行 Hadoop 等大数据组件 （2）提供从零开始使用 Hadoop 分别通过界面和集群后台节点提交 wordcount 作业的操作指导	
资源准备	拥有已实名认证的账号。若没有，请先注册华为账号并开通华为云，完成实名认证	
操作步骤	（1）购买集群 （2）软件配置 （3）硬件配置 （4）高级配置 （5）确认配置 （6）准备 Hadoop 样例程序及数据文件 （7）上传数据至 OBS （8）通过界面提交作业 （9）通过集群后台节点提交作业 （10）查看作业执行结果	
运行结果		
评价	分数：	签字：

图 8-2-1　任务单 – 从零开始使用 Hadoop

获取信息

引导问题 1　大数据平台有哪些核心组件?

小　提　示

　　大数据技术庞大复杂,基础技术包含数据采集、数据预处理、分布式存储、NoSQL 数据库、数据仓库、机器学习、并行计算、可视化等各种技术范畴和不同的技术层面。大数据主要技术组件包括 Hadoop、HBase、kafka、Hive、MongoDB、Redis、Spark、Storm、Flink 等。大数据技术包括数据采集、数据管理、数据分析、数据可视化、数据安全等内容。数据采集包括传感器采集,系统日志采集及网络爬虫等。数据管理包括传统的数据库技术,nosql 技术,以及针对大规模数据的大数据平台,例如 hadoop、spark、storm 等。数据分析的核心是机器学习,当然也包括深度学习和强化学习,以及自然语言处理、图与网络分析等。

引导问题 2　MapReduce 作为典型的离线计算框架,它的核心思想是什么?

小　提　示

　　MapReduce 采用"分而治之"的思想,将对大规模的数据集的操作分配给各子节点进行操作,然后通过整合各子节点的中间结果,得到最终结果。简单来说,就是"任务的分解和结果的汇总"。Hadoop 将这个工作高度抽象成为两个函数,分别为 map 和 reduce。map 负责将任务分解为多个任务,reduce 负责将多个 map 任务的中间结果合并为最终结果。至于在此过程中的其他步骤,均由 Hadoop 的 MapReduce 框架负责自行处理,包括工作调度、任务分配、各节点通信等。

相关知识

8.2.1　如何快速使用 MRS

　　MRS 是一个在华为云上部署和管理 Hadoop 系统的服务,一键即可部署 Hadoop 集群。MRS 提供租户完全可控的企业级大数据集群云服务,轻松运行 Hadoop、Spark、HBase、Kafka 等大数据组件。

MRS 使用简单，通过使用在集群中连接在一起的多台计算机，我们可以运行各种任务，处理或者存储（PB 级）海量数据。

MRS 的基本使用流程如下：

（1）通过 MRS 管理控制台购买集群，用户可以指定集群类型用于离线数据分析和流处理任务，也可以指定集群中预置的弹性云服务器实例规格、实例数量、数据盘类型（高 I/O、超高 I/O）、要安装的组件等。

（2）开发数据处理程序，MRS 的开发指南为用户提供代码示例和教程，帮助我们快速开始开发自己的程序并正常运行。

（3）上传准备好的程序和数据文件到对象存储服务（OBS）或者集群内的 HDFS 文件系统中。

（4）集群创建成功后，可直接添加作业，执行由用户自身开发的程序或者 SQL 语句进行数据的处理与分析。

（5）MRS 为用户提供企业级的大数据集群的统一管理平台，帮助用户快速掌握服务及主机的健康状态，通过图形化的指标监控及定制及时地获取系统的关键信息，根据实际业务的性能需求修改服务属性的配置，对集群、服务、角色实例等实现一键启停等操作。

（6）如果作业执行结束后不再需要集群，可以快速删除 MRS 集群。集群删除后不再产生费用。

8.2.2 MapReduce 作业运行过程

1. 作业涉及组件

MapReduce 是 Hadoop 中一个批量计算的框架，整个 MapReduce 作业过程中，包括从数据的输入、数据的处理、数据的输出这些部分，而其中数据的处理部分由 map、reduce、combiner 等操作组成。在一个 mapreduce 的作业中必定会涉及如下组件。

（1）客户端，提交 mapreduce 作业。

（2）yarn 资源管理器，负责集群上计算资源的协调。

（3）yarn 节点管理器，负责启动和监控集群中机器上的计算容器（container）。

（4）mapreduce 的 application master，负责协调运行 mapreduce 的作业。

（5）hdfs，分布式文件系统，负责与其他实体共享作业文件。

2. 作业具体过程

作业的运行过程主要包括如下步骤。

（1）作业的提交。

（2）作业的初始化。

（3）作业任务的分配。

（4）作业任务的执行。

（5）作业执行状态更新。

（6）作业完成。

具体作业执行过程的流程图如图 8-2-2 所示。

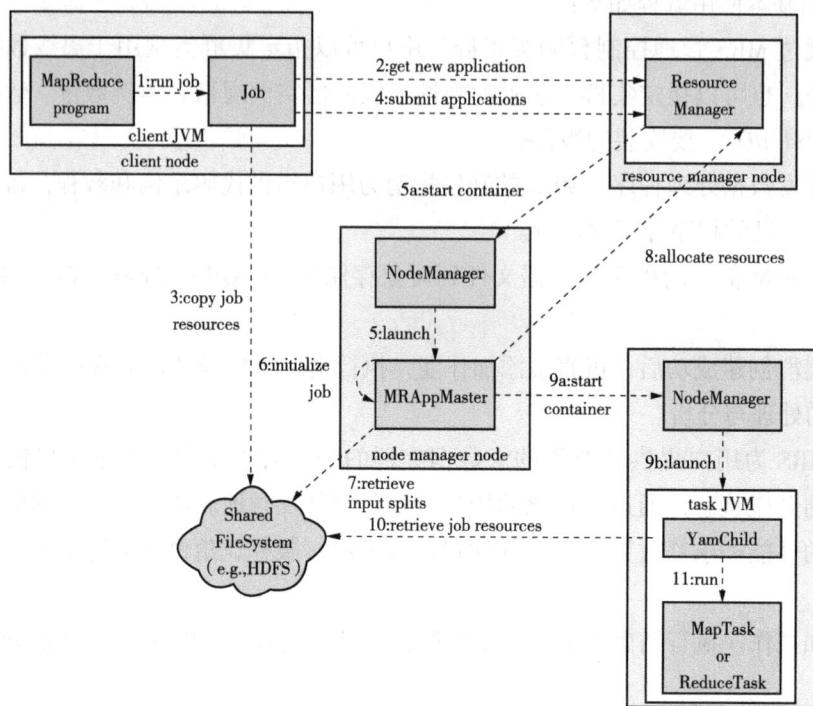

图 8-2-2　MapReduce 作业运行过程

3. 作业失败和容错

既然有作业的运行，那么肯定会有作业的失败，作业的失败（不考虑硬件，平台原因引起的失败）可能会存在以下不同的问题。

（1）任务运行失败。

1）用户代码抛出异常（代码没写好）。这种情况下，任务 JVM 会在退出之前向 application master 发送错误报告，并记录进用户日志，application master 将该作业标记为 failed，并释放掉占有的资源容器。

2）JVM 突然退出。这种情况的节点管理器会注意到进程已经退出，并通知 application master 将此任务标记为失败，如果是因为推测执行而导致任务被终止，则不会被标记为失败。而任务挂起又不同，一旦 application master 注意到有一段时间没有收到进度更新，便会把任务标记为失败，默认为 10min，参数 mapreduce.task.timeout 控制 application master 被告知一个任务失败，将会重新调度该任务执行（会在与之前失败的不同节点上运行），默认重试 4 次，如果 4 次都失败，则作业被判定为失败。

（2）application master 运行失败。

AM 也可能由于各种原因（如网络问题或者硬件故障）失效，Yarn 同样会尝试重启 AM，可以为每个作业单独配置 AM 的尝试重启次数。mapreduce.am.max-attempts，默认值为 2，Yarn 中的上限一起提高。yarn.resourcemanager.am.nax-attempts，默认为 2，单个应用程序不可以超过这个限制，除非同时修改这两个参数。

恢复过程：application master 向资源管理器发送周期性的心跳。当 application master 失败时，资源管理器会检测到该失败，并在一个新的容器中启动 application master，使用作业历史来恢复失败的应用程序中的运行任务状态，使其不必重新运行，默认情况下恢复功能是开启的。yarn.app.mapreduce.am.job.recovery.enable 控制客户端向 application master 轮询作业状态时，如果 application master 运行失败了，则客户端会向资源管理器 resourcemanager 询问和缓存 application master 地址。

知识拓展　📖

8.2.3　华为云 MRS 服务应用场景

1. 海量数据分析场景

海量数据分析是现代大数据系统中的主要场景。通常，企业会包含多种数据源，接入后需要对数据进行 ETL（Extract-Transform-Load）处理形成模型化数据，以便提供给各业务模块进行分析梳理，这类业务通常有以下特点。

（1）对执行实时性要求不高，作业执行时间在数十分钟到小时级别。

（2）数据量巨大。

（3）数据来源和格式多种多样。

（4）数据处理通常由多个任务构成，对资源需要进行详细规划。

例如，在环保行业（见图 8-2-3），可以将天气数据存储在 OBS，定期转储到 HDFS 中进行批量分析，在 1h 内 MRS 可以完成 10TB 的天气数据分析。

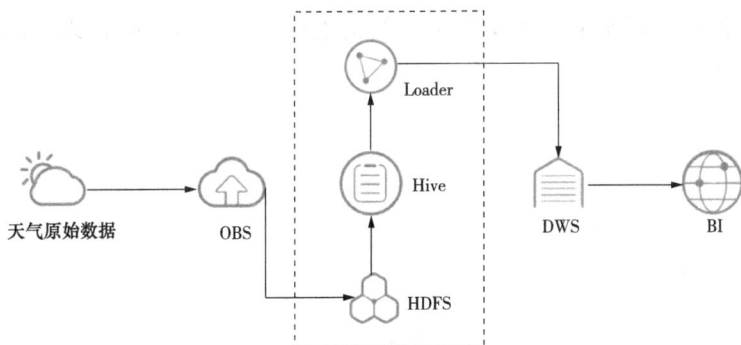

图 8-2-3　环保行业应用场景

该场景下 MRS 的优势如下。

（1）低成本。利用 OBS 实现低成本存储。

（2）海量数据分析。利用 Hive 实现 TB/PB 级的数据分析。

（3）可视化的导入导出工具。通过可视化导入导出工具 Loader，将数据导出到 DWS，完成 BI 分析。

2. 海量数据存储场景

用户拥有大量结构化数据后，通常需要提供基于索引的准实时查询能力，如车联网场景下，根据汽车编号查询汽车维护信息，存储时，汽车信息会基于汽车编号进行索引，以实现该场景下的秒级响应。通常，这类数据量比较庞大，用户可能保存 1~3 年的数据。

例如，在车联网行业（见图 8-2-4），某车企将数据储存在 HBase 中，以支持 PB 级别的数据存储和毫秒级的数据详单查询。

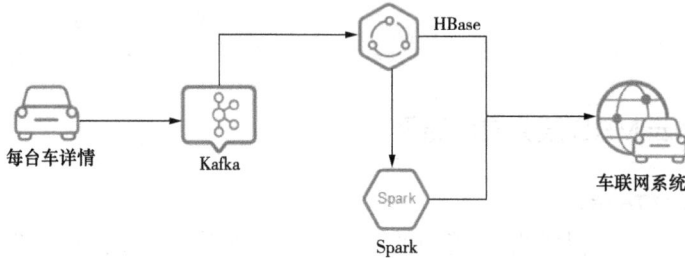

图 8-2-4　车联网行业应用场景

该场景下 MRS 的优势如下。

（1）实时。利用 Kafka 实现海量汽车的消息实时接入。

（2）海量数据存储。利用 HBase 实现海量数据存储，并实现毫秒级数据查询。

（3）分布式数据查询。利用 Spark 实现海量数据的分析查询。

3. 实时数据处理

实时数据处理通常用于异常检测、欺诈识别、基于规则告警、业务流程监控等场景，在数据输入系统的过程中对数据进行处理。

例如，在梯联网行业（见图 8-2-5），智能电梯的数据被实时传入 MRS 的流式集群中进行实时告警。

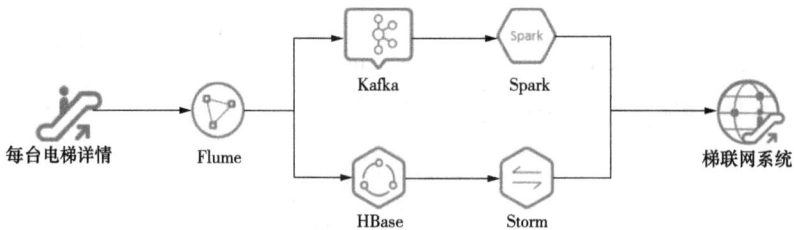

图 8-2-5　梯联网行业应用场景

该场景下 MRS 的优势如下。

（1）实时数据采集。利用 Flume 实现实时数据采集，并提供丰富的采集和存储连接方式。

（2）海量的数据源接入。利用 Kafka 实现万级别的电梯数据的实时接入。

任务小结

本任务主要学习了如何进行华为云 MRS 的使用，通过基于 MapReduce 实现排序任务的实施，帮助大家认识和熟悉华为云大数据平台的使用方法。

任务评价

案例	评分项	打分	说明
从零开始使用 Hadoop 任务 （学员 / 小组）	购买集群		
	软件配置		
	硬件配置		
	高级配置		
	确认配置		
	准备 Hadoop 样例程序及数据文件		
	上传数据至 OBS		
	提交作业 – 两种方式		
	查看作业		
	展示汇报		
	总分		

课后思考

简答题：

（1）华为 MRS 平台与自建 Hadoop 平台的优势是什么？

（2）请简述 MapReduce 服务样例工程的构建方式。

任务单 8.1

任务 名称	数据转发至 OBS 长期储存	
任务 目标	实现实际设备上报数据时将数据转发至 OBS	
资源 准备	（1）拥有已实名认证的账号。若没有，请先注册华为账号并开通华为云，完成实名认证 （2）OBS 桶	
操作 步骤	（1）创建 OBS 桶 （2）登录 IoTDA 控制台，进入"规则 > 数据转发"，单击"创建规则" （3）填写规则内容 （4）设置转发目标 （5）激活配置好的数据转发规则 （6）验证操作： 1）使用配置设备接入服务时注册的真实设备接入平台，上报任意数据 2）登录 OBS 管理控制台，单击桶名称进入桶管理页面后，在"对象"页面可以查看到设备上报的 数据	
运行 结果		
评价	分数：	签字：

任务单 8.2

任务 名称	从零开始使用 Hadoop		
任务 目标	（1）熟悉 MapReduce 服务（MapReduce Service），轻松运行 Hadoop 等大数据组件 （2）提供从零开始使用 Hadoop 分别通过界面和集群后台节点提交 wordcount 作业的操作指导		
资源 准备	拥有已实名认证的账号。若没有，请先注册华为账号并开通华为云，完成实名认证		
操作 步骤	（1）购买集群 （2）软件配置 （3）硬件配置 （4）高级配置 （5）确认配置 （6）准备 Hadoop 样例程序及数据文件 （7）上传数据至 OBS （8）通过界面提交作业 （9）通过集群后台节点提交作业 （10）查看作业执行结果		
运行 结果			
评价	分数：		签字：

项目 9
物联网与 AI

思维导图

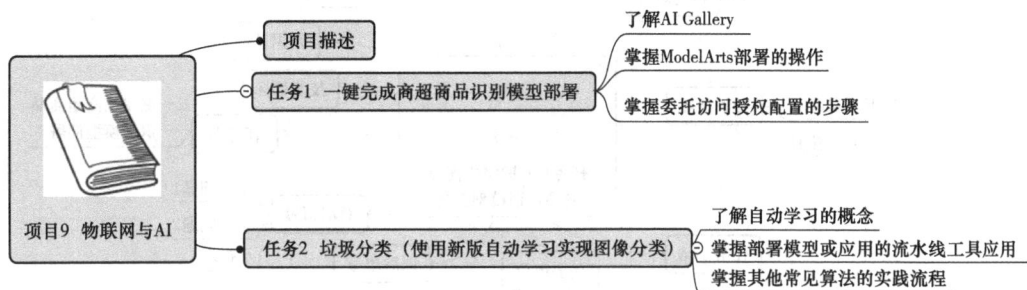

项目9 物联网与AI

项目描述

任务1 一键完成商超商品识别模型部署
- 了解AI Gallery
- 掌握ModelArts部署的操作
- 掌握委托访问授权配置的步骤

任务2 垃圾分类（使用新版自动学习实现图像分类）
- 了解自动学习的概念
- 掌握部署模型或应用的流水线工具应用
- 掌握其他常见算法的实践流程

项目描述

本项目主要学习的是人工智能（Artificial Intelligence，AI）技术如何应用在智慧路灯系统中的方法，尤其是图像分类的应用，具体包括 2 个独立的任务，任务 9.1 指导学员通过实现一键完成商业超市（简称商超）商品识别模型部署，来帮助读者掌握华为云上 AI 平台的基本使用流程，任务 9.2 是使用垃圾分类（使用新版自动学习实现图像分类）的具体案例实践，进一步深入掌握 AI 应用的场景，为后续智慧路灯的创新打下坚实的基础。

9.1　任务 1　一键完成商超商品识别模型部署

思维导图

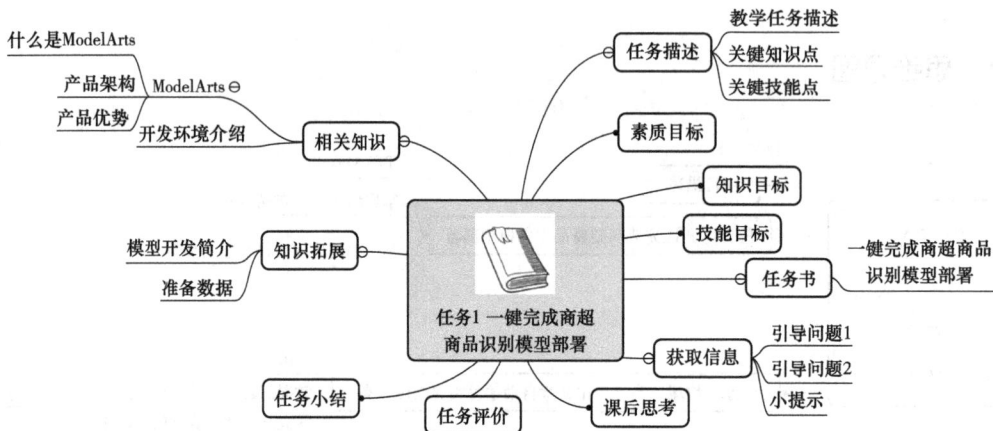

任务描述

（1）教学任务描述。该任务包括对华为 ModelArts 的认知，通过 ModelArts 的 AI Gallery 中提供的大量免费的模型供用户一键部署，进行 AI 体验学习。

（2）关键知识点。AI Gallery。

关键技能点：订阅模型，ModelArts 部署。

知识目标

（1）了解 AI Gallery。

（2）掌握 ModelArts 部署的操作。

（3）掌握委托访问授权配置的步骤。

技能目标

（1）能够完成 AI Gallery 模型订阅。

（2）能够按照要求进行 ModelArts 部署。

素质目标

（1）培养与客户沟通和交流的素养。
（2）培养认真的工作态度。

任 务 书

在老师的指导下，完成对华为云 ModelArts 的认识，并以一键完成商超商品识别模型部署为目标，熟悉 AI Gallery 的使用和 ModelArts 在线服务，由此培养 AI 开发的基本入门能力，如图 9-1-1 所示。

任务单

任务名称	一键完成商超商品识别模型部署	
任务目标	以"商超商品识别"模型为例，完成从 AI Gallery 订阅模型，到 ModelArts 一键部署为在线服务的免费体验过程	
资源准备	（1）拥有已实名认证的账号。若没有，请先注册华为账号并开通华为云，完成实名认证 （2）配置委托访问授权 ModelArts 使用过程中涉及 OBS、SWR、IEF 等服务交互，首次使用 ModelArts 需要用户配置委托授权，允许访问这些依赖服务	
操作步骤	（1）订阅模型 （2）使用订阅模型部署在线服务 （3）预测结果 （4）清理资源	
运行结果		
评价	分数：	签字：

图 9-1-1　任务单－一键完成商超商品识别模型部署

获取信息 📖

引导问题 1　AI Gallery 是个什么平台？

小 提 示 💬

AI Gallery 算法、镜像、模型、Workflow 等 AI 数字资产的共享，为高校、科研机构、AI 应用开发商、解决方案集成商、企业级 / 个人开发者等群体提供安全、开放的共享及交易环节，加速 AI 资产的开发与落地，保障 AI 开发生态链上各参与方高效地实现各自的商业价值。AI Gallery 中，"资产集市"支持 Notebook 代码样例、数据集、算法、镜像、模型、Workflow 等 AI 资产的共享。

引导问题 2　为什么说 ModelArts 是个一站式 AI 开发平台？

小 提 示 💬

ModelArts 是一个一站式的开发平台，能够支撑开发者从数据到 AI 应用的全流程开发过程。包含数据处理、模型训练、模型管理、模型部署等操作，并且提供 AI Gallery 功能，能够在市场内与其他开发者分享模型。

ModelArts 支持应用到图像分类、物体检测、视频分析、语音识别、产品推荐、异常检测等多种 AI 应用场景。

相关知识 📖

9.1.1　ModelArts

1. 什么是 ModelArts

ModelArts 是面向 AI 开发者的一站式开发平台，提供海量数据预处理及半自动化标注、大规模分布式训练、自动化模型生成及端—边—云模型按需部署的能力，帮助用户快速创建和部署模型，管理全周期 AI 工作流。

"一站式"是指 AI 开发的各个环节，包括数据处理、算法开发、模型训练、模型部署都可以在 ModelArts 上完成。从技术上看，ModelArts 底层支持各种异构计算资源，开发者可以根据需要灵活选择使用，而不需要关心底层的技术。同时，ModelArts 支持

Tensorflow、PyTorch、MindSpore 等主流开源的 AI 开发框架，也支持开发者使用自研的算法框架，匹配用户的使用习惯。

ModelArts 的理念就是让 AI 开发变得更简单、更方便。面向不同经验的 AI 开发者，提供便捷、易用的使用流程。例如，面向业务开发者，不需关注模型或编码，可使用自动学习流程快速构建 AI 应用；面向 AI 初学者，不需关注模型开发，使用预置算法构建 AI 应用；面向 AI 工程师，提供多种开发环境，多种操作流程和模式，方便开发者编码扩展，快速构建模型及应用。

2. 产品架构

ModelArts 是一个一站式开发平台，能够支撑开发者从数据到 AI 应用的全流程开发过程，包含数据处理、模型训练、模型管理、模型部署等操作，并且提供 AI Gallery 功能，能够在市场内与其他开发者分享模型。

ModelArts 支持应用到图像分类、物体检测、视频分析、语音识别、产品推荐、异常检测等多种 AI 应用场景。

3. 产品优势

（1）一站式。

开"箱"即用，涵盖 AI 开发全流程，包含数据处理、模型开发、训练、管理、部署功能，可灵活使用其中一个或多个功能。

（2）易入门。

1）提供多种预置模型，开源模型想用就用。

2）模型超参自动优化，简单快速。

3）零代码开发，简单操作训练出自己的模型。

4）支持模型一键部署到云、边、端。

（3）高性能。

1）自研 MoXing 深度学习框架，提升算法开发效率和训练速度。

2）优化深度模型推理中 GPU 的利用率，加速云端在线推理。

3）可生成在 Ascend 芯片上运行的模型，实现高效端边推理。

（4）灵活。

1）支持多种主流开源框架（TensorFlow、PyTorch、MindSpore 等）。

2）支持主流 GPU 芯片。

3）支持 Ascend 芯片。

4）支持专属资源独享使用。

5）支持自定义镜像满足自定义框架及算子需求。

9.1.2 开发环境介绍

软件开发的历史就是一部降低开发者成本，提升开发体验的历史。在 AI 开发阶段，ModelArts 也致力于提升 AI 开发体验，降低开发门槛。ModelArts 开发环境，以云原生的资源使用和开发工具链的集成为方法，以为不同类型 AI 开发、探索、教学用户提供更好的云化 AI 开发体验为目标，具有以下特性。

（1）ModelArts Notebook 云上云下，无缝协同。

（2）代码开发与调测。云化 JupyterLab 使用，本地 IDE+ModelArts 插件远程开发能力，贴近开发人员使用习惯。

（3）云上开发环境，包含 AI 计算资源、云上存储、预置 AI 引擎。

（4）运行环境自定义，将开发环境直接保存成为镜像，供训练、推理使用。

（5）ModelArts CodeLab（JupyterLab），让 AI 探索 + 教学更简单。

（6）云原生 Notebook，案例内容秒级接入与分享。

（7）Serverless 化实例管理，资源自动回收。

（8）免费算力，规格按需切换。

1. 亮点特性 1　远程开发——支持本地 IDE 远程访问 Notebook

新版 Notebook 提供了远程开发功能，通过开启 SSH 连接，用户本地 IDE 可以远程连接到 ModelArts 的 Notebook 开发环境中，调试和运行代码。

对于使用本地 IDE 的开发者，由于本地资源限制，运行和调试环境大多使用团队公共搭建的 CPU 或 GPU 服务器，并且是多人共用，因此这将带来一定的环境搭建和维护成本。

而 ModelArts 的 Notebook 的优势是即开即用，它预先安装了不同的 AI 引擎，并且提供了非常多的可选规格，用户可以独占一个容器环境，不受其他人的干扰。只需简单配置，用户即可通过本地 IDE 连接到该环境进行运行和调试，如图 9-1-2 所示。

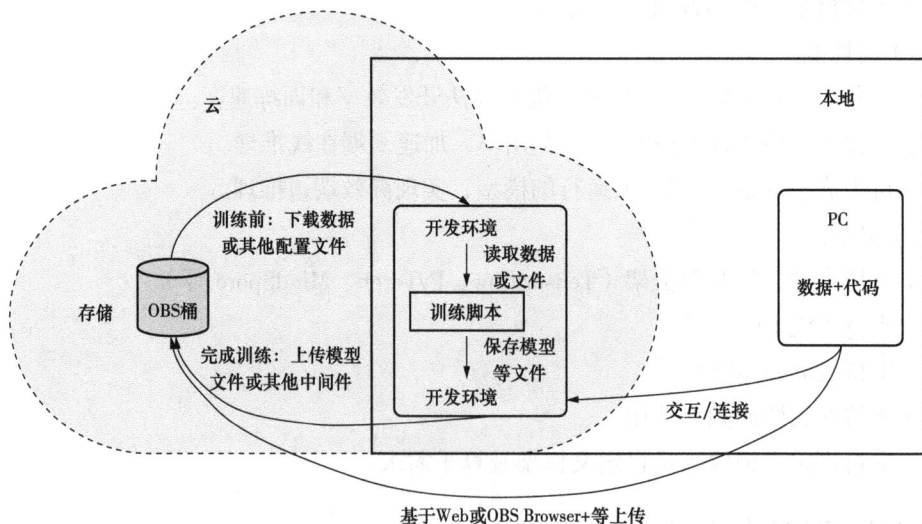

图 9-1-2　远程开发

ModelArts 的 Notebook 可以视作是本地 PC 的延伸，均视作本地开发环境，其读取数据、训练、保存文件等操作与常规的本地训练一致。

对于习惯使用本地 IDE 的开发者，使用远程开发方式，不影响用户的编码习惯，并且可以方便、快捷的使用云上的 Notebook 开发环境。

本地 IDE 当前支持 VS Code、PyCharm、SSH 工具。还有专门的插件 PyCharm Toolkit 和 VS Code Toolkit，方便将云上资源作为本地的一个扩展。

2. 亮点特性 2　开发环境保存——支持一键镜像保存

ModelArts 的新版 Notebook 提供了镜像保存功能。支持一键将运行中的 Notebook 实例保存为镜像，将准备好的环境保存下来，可以作为自定义镜像，方便后续使用，并且方便进行分享。

保存镜像时，安装的依赖包（PIP 包）不丢失，VS Code 远程开发场景下，在服务器端安装的插件不丢失。

3. 亮点特性 3　预置镜像——即开即用，优化配置，支持主流 AI 引擎

每个镜像预置的 AI 引擎和版本是固定的，在创建 Notebook 实例时明确 AI 引擎和版本，包括适配的芯片。

ModelArts 开发环境给用户提供了一组预置镜像，主要包括 PyTorch、Tensorflow、MindSpore 系列。用户可以直接使用预置镜像启动 Notebook 实例，在实例中开发完成后，直接提交到 ModelArts 训练作业进行训练，而不需要做适配。

ModelArts 开发环境提供的预置镜像版本是依据用户反馈和版本稳定性决定的。当用户的功能开发基于 ModelArts 提供的版本能够满足的时候，比如用户开发基于 Minspore1.5，建议用户使用预置镜像，这些镜像经过充分的功能验证，并且已经预置了很多常用的安装包，用户无需花费过多的时间来配置环境即可使用。

ModelArts 开发环境提供的预置镜像主要包含以下两方面：

（1）常用预置包。基于标准的 Conda 环境，预置了常用的 AI 引擎，如 PyTorch、MindSpore；常用的数据分析软件包，如 Pandas、Numpy 等；常用的工具软件，如 cuda、cudnn 等，满足 AI 开发常用需求。

（2）预置 Conda 环境。每个预置镜像都会创建一个相对应的 Conda 环境和一个基础 Conda 环境 Python（不包含任何 AI 引擎），如预置 Mindspore 所对应的 Conda 环境。

4. 亮点特性 4　提供在线的交互式开发调试工具 JupyterLab

ModelArts 集成了基于开源的 JupyterLab，可为我们提供在线的交互式开发调试。无需关注安装配置，在 ModelArts 管理控制台直接使用 Notebook，编写和调测模型训练代码，然后基于该代码进行模型的训练。

JupyterLab 是一个交互式的开发环境，是 Jupyter Notebook 的下一代产品，可以使用它编写 Notebook、操作终端、编辑 MarkDown 文本、打开交互模式、查看 CSV 文件及图片等功能。

9.1.3　模型开发简介

AI 模型开发的过程称为 Modeling，一般包含以下两个阶段。

（1）开发阶段。准备并配置环境，调试代码，使代码能够进行深度学习训练，推荐在 ModelArts 开发环境中调试。

（2）实验阶段。调整数据集、调整超参等，通过多轮实验，训练出理想的模型，推荐在 ModelArts 训练中进行实验。

两个过程可以相互转换。如开发阶段代码稳定后，则会进入实验阶段，通过不断尝试调整超参来迭代模型；或在实验阶段，有一个可以优化训练的性能的想法，则会回到开发阶段，重新优化代码。

其部分过程可参考图 9-1-3 所示。

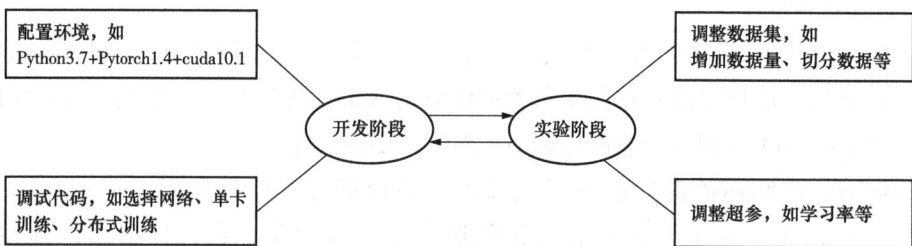

图 9-1-3　Modeling 两个阶段

ModelArts 提供了模型训练的功能，方便查看训练情况并不断调整模型参数。还可以基于不同的数据，选择不同规格的资源池用于模型训练。除支持用户自己开发的模型外，ModelArts 还提供了从 AI Gallery 订阅算法，可以不关注模型开发，直接使用 AI Gallery 的算法，通过算法参数的调整得到一个满意的模型。

9.1.4　准备数据

ModelArts 使用对象存储服务（Object Storage Service，OBS）进行数据存储及模型的备份和快照，实现安全、高可靠和低成本的存储需求。

ModelArts 模型训练支持以下两种读取训练数据的方式：

1. 使用 OBS 桶中存储的数据集

如果数据集已完成数据标注和数据预处理，可以将数据上传至 OBS 桶。当创建训练作业时，在训练输入参数位置填写训练数据所在的 OBS 桶路径即可完成训练配置。

2. 使用数据管理中的数据集

如果数据集未标注或者需要进一步的数据预处理，可以将数据导入 ModelArts 数据管理模块进行数据预处理，如图 9-1-4 所示。

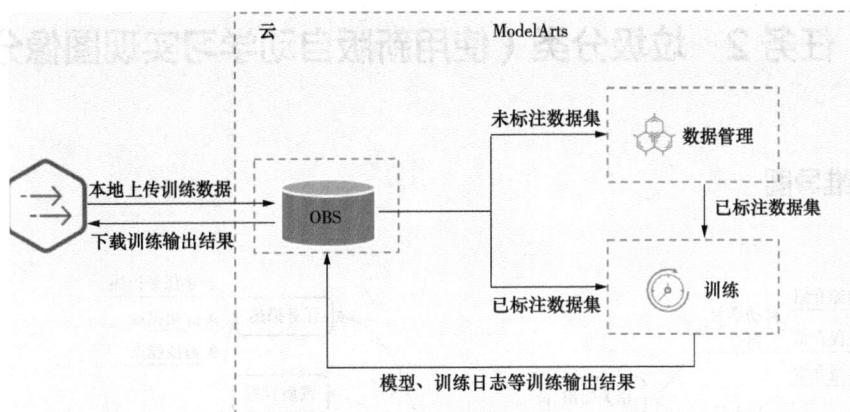

图 9-1-4 模型训练读取训练数据的方式

任务小结

本任务主要学习了华为云 AI 基础平台，通过一键完成商超商品识别模型部署任务的实施，帮助大家迈出基于华为云 AI 技术应用的第一步。

任务评价

案例	评分项	打分	说明
一键完成商超商品识别模型部署任务（学员 / 小组）	订阅模型		
	使用订阅模型部署在线服务		
	预测结果		
	清理资源		
	展示汇报		
	总分		

课后思考

简答题：

（1）请简述 ModelArts 可以提供哪些案例。

（2）ModelArts 如何完成数据的智能标注？

9.2 任务 2 垃圾分类（使用新版自动学习实现图像分类）

思维导图

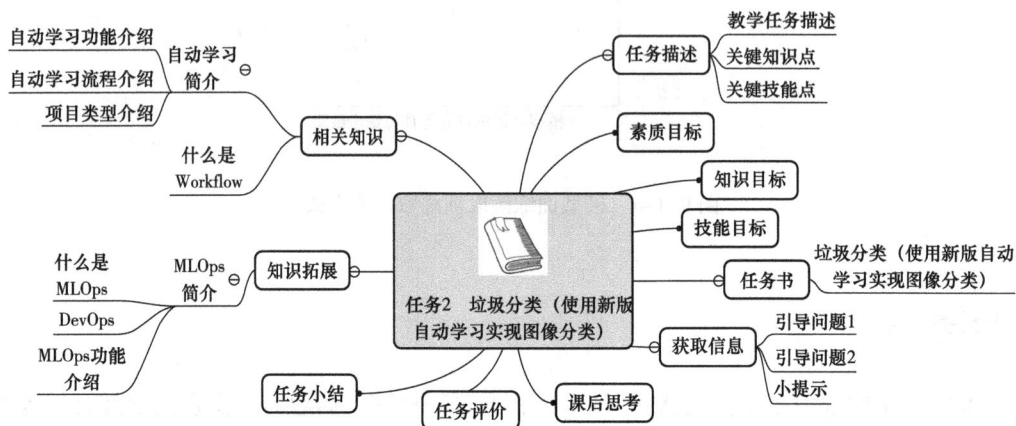

任务描述

（1）教学任务描述。该任务包括对华为云 AI 平台的具体认识，通过垃圾分类（使用新版自动学习实现图像分类）的示范，展示自动学习如何在 ModelArts 上进行训练和应用。

（2）关键知识点。自动学习应用。

（3）关键技能点。流水线工具应用操作。

知识目标

（1）了解自动学习的概念。

（2）掌握部署模型或应用的流水线工具应用。

（3）掌握其他常见算法的实践流程。

技能目标

（1）能够完成自动学习的操作与分析。

（2）能够按照要求进行特定算法模型的训练与部署应用。

素质目标

（1）培养与客户沟通和交流的素养。
（2）培养认真的工作态度。

任务书

　　在老师的指导下完成对华为云 AI 平台的认识，并以垃圾分类（使用新版自动学习实现图像分类）为目标，展示如何在 ModelArts 上进行零代码模型的训练和应用，如图 9-2-1 所示。

任务单

任务名称	垃圾分类（使用新版自动学习实现图像分类）	
任务目标	基于华为云一站式开发平台 ModelArts 的自动学习功能实现常见生活垃圾的分类	
资源准备	注册华为账号并开通华为云，进行实名认证 （1）注册华为账号并开通华为云 （2）进行实名认证： 1）个人用户推荐使用人脸识别认证 2）若无身份证，可使用其他证件认证，需等待 3 个工作日审核	
操作步骤	（1）创建 OBS 桶 （2）准备训练数据集 （3）配置委托访问授权 （4）创建新版自动学习图像分类项目 （5）运行工作流 （6）预测分析 （7）清除相应资源	
运行结果		
评价	分数：	签字：

图 9-2-1　任务单 – 垃圾分类（使用新版自动学习实现图像分类）

获取信息

引导问题 1　OBS 和 ModelArts 有什么关系？

小 提 示

　　ModelArts 使用对象存储服务进行数据存储及模型的备份和快照，实现安全、高可靠和低成本的存储需求。因此，建议在使用 ModelArts 之前先创建一个 OBS 桶，然后在 OBS 桶中创建文件夹用于存放数据。

引导问题 2　模型训练中较花费时间的有哪些事情？

小 提 示

　　模型训练中除了数据和算法外，开发者花了大量时间在模型参数的设计上。模型训练的参数直接影响模型的精度及模型收敛时间，参数的选择极大地依赖于开发者的经验，参数选择不当会导致模型精度无法达到预期效果，或者模型训练时间大幅度增加。

相关知识

9.2.1　自动学习简介

1. 自动学习功能介绍

　　ModelArts 自动学习是帮助人们实现 AI 应用的低门槛、高灵活、零代码的定制化模型开发工具。自动学习功能根据标注数据自动设计模型、自动调整参数、自动训练、自动压缩和部署模型。开发者无须专业的开发基础和编码能力，只需上传数据，通过自动学习界面引导和简单操作即可完成模型训练和部署。

　　当前自动学习支持快速创建图像分类、物体检测、预测分析、声音分类和文本分类模型的定制化开发。可广泛应用在工业、零售、安防等领域。

　　（1）图像分类。识别图片中物体的类别。

　　（2）物体检测。识别出图片中每个物体的位置和类别。

　　（3）预测分析。对结构化数据做出分类或数值预测。

（4）声音分类。对环境中不同声音进行分类识别。

（5）文本分类。识别一段文本的类别。

2. 自动学习流程介绍

使用 ModelArts 自动学习开发 AI 模型无需编写代码，只需上传数据、创建项目、完成数据标注、发布训练，然后将训练的模型部署上线。自动学习操作流程参见图 9-2-2 所示。

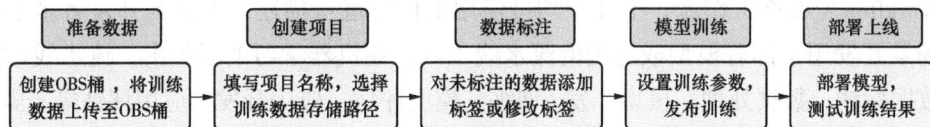

图 9-2-2　自动学习操作流程

新版自动学习中，该流程可完全由 Workflow 进行承载。开发者可以通过 Workflow 进行有向无环图（Directed Acyclic Graph，DAG）的开发，整个 DAG 的执行就是有序的任务执行模板，依次执行从数据标注、数据集版本发布、模型训练、模型注册到服务部署环节，如图 9-2-3 所示。

图 9-2-3　Workflow 运行流程

3. 项目类型介绍

（1）图像分类。图像分类项目，是对图像进行分类。需要添加图片并对图像进行分类标注，完成图片标注后开始模型训练，即可快速生成图像分类模型。可应用于商品的自动分类、运输车辆种类识别和残次品的自动分类等。例如，质量检查的场景，可以上传产品图片，将图片标注"合格""不合格"，通过训练部署模型，实现产品的质检。

（2）物体检测。物体检测项目，是检测图片中物体的类别与位置。需要添加图片，用合适的框标注物体作为训练集，进行训练输出模型。适用于一张图片中要识别多个物体或者物体的计数等。可应用于园区人员穿戴规范检测和物品摆放的无人巡检。

（3）预测分析。预测分析项目，是一种针对结构化数据的模型自动训练应用，能够对结构化数据进行分类或者数据预测。可用于用户画像分析，实现精准营销。也可应用于制造设备预测性维护，根据设备实时数据的分析，进行故障识别。

（4）声音分类。声音分类项目，是识别一段音频中是否包含某种声音。可应用于生产或安防场景的异常声音监控。

（5）文本分类。文本分类项目，识别一段文本的类别。可应用于情感分析或新闻分类等场景。

9.2.2　什么是 Workflow

Workflow（也称工作流，下文中均可使用工作流进行描述）本质是开发者基于实际业务场景开发用于部署模型或应用的流水线工具。在机器学习的场景中，流水线可能会覆盖数据标注、数据处理、模型开发/训练、模型评估、应用开发、应用评估等步骤。

区别于传统的机器学习模型构建，开发者可以使用 Workflow 开发生产流水线。基于 MLOPS 的概念，Workflow 会提供运行记录、监控、持续运行等功能。根据角色的分工与概念，产品上将工作流的开发和持续迭代分开。

一条流水线由多个节点组成，Workflow SDK 提供了流水线需要覆盖的功能及功能需要的参数描述。用户在开发流水线的时候，使用 Workflow SDK 对节点及节点之间串联的关系进行描述。对流水线的开发操作在 Workflow 中统称为 Workflow 的开发态。当确定好整条流水线后，开发者可以将流水线固化下来，提供给其他人使用。用户无须关注流水线中包含什么算法，也不需要关注流水线是如何实现的。用户只需要关注流水线生产出来的模型或者应用是否符合上线要求，如果不符合，是否需要调整数据和参数重新迭代。这种使用固化下来的流水线的状态，在 Workflow 中统称为运行态。

总的来说，Workflow 有以下两种形态。

（1）开发态。使用 Workflow 的 Python SDK 开发和调测流水线。

（2）运行态。可视化配置运行生产好的流水线。

Workflow 基于对当前 ModelArts 已有能力的编排。基于 DevOPS 原则和实践，应用于 AI 开发过程中提升 AI 应用开发与落地效率，以达到更快的模型实验和开发及更快地将模型部署到生产。工作流的开发态和运行态分别实现了不同的功能。

知识拓展

9.2.3　MLOPS 简介

1. 什么是 MLOPS

MLOPS（Machine Learning Operation）是机器学习（Machine Learning）和 DevOPS（Development and Operations）的组合实践。随着机器学习的发展，人们对它的期待不仅仅是学术研究方面的领先突破，更希望这些技术能够系统化地落地到各个场景中。但技术的真实落地和学术研究还是有比较大的差别的。在学术研究中，一个 AI 算法的开发是面向固定的数据集（公共数据集或者某个特定场景固定数据集），基于单个数据集，不断做算法的迭代与优化，面向场景的 AI 系统化开发的过程中，除了模型的开发，还有整套系统的开发，于是软件系统开发中成功经验"DevOPS"被自然地引入进来。但是，在人工智能时代，传统的 DevOPS 已经不能完全覆盖一个人工智能系统开发的全流程了。

2. DevOPS

DevOPS（Development and Operations）是一组过程、方法与系统的统称，用于促进软件开发、运维和质量保障部门之间的沟通、协作与整合。在大型的软件系统开发中，DevOPS 被验证是一个非常成功的方法。DevOPS 不仅可以加快业务与开发之间的互动与迭代，还可以解决开发与运维之间的冲突。开发侧很快，运维侧太稳，这个就是常说的开发与运维之间固有的、根本的冲突。在 AI 应用落地的过程中，也有类似的冲突。AI 应用的开发门槛较高，需要有一定的算法基础，而且算法需要快速、高效地迭代。专业的运维人员追求的更多的是稳定、安全和可靠；专业知识也和 AI 算法大相径庭。运维人员需要去理解算法人员的设计与思路才能保障服务，这对于运维人员来说，门槛更高了。在这种情况下，更多时候可能需要一个算法人员去端到端负责，这样一来，人力成本就会过高。这种模式在少量模型应用的场景是可行的，但是当规模化落地 AI 应用时，人力问题将会成为瓶颈。

3. MLOPS 功能介绍

机器学习开发流程主要可以定义为以下四个步骤：项目设计、数据工程、模型构建、部署落地。AI 开发并不是一个单向的流水线作业，在开发的过程中，会根据数据和模型结果进行多轮实验迭代。算法工程师会根据数据特征及数据的标签做多样化的数据处理和多种模型优化，以获得在已有的数据集上更好的模型效果。传统的 AI 应用交付会直接在实验迭代结束后以输出的模型为终点。当应用上线后，随着时间的推移，会出现模型漂移的问题。新的数据和新的特征在已有模型上的表现会越来越差。在 MLOPS 中，实验迭代的产物将会是一条固化下来的流水线，这条流水线将会包含数据工程，模型算法，训练配置等。用户将会使用这条流水线在持续产生的数据中持续迭代训练，确保这条流水线生产出来的模型的 AI 应用始终维持在一个较好的状态。模型训练流水线如图 9-2-4 所示。

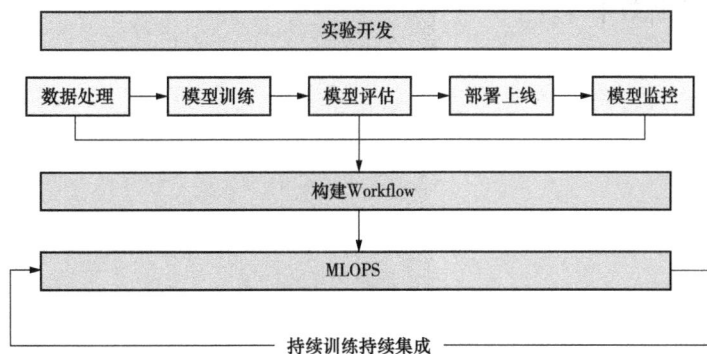

图 9-2-4　模型训练流水线

MLOPS 的整条链路需要有一个工具去承载，MLOPS 打通了算法开发到交付运维的全流程。和以往的开发交付不同，以往的开发与交付过程是分离的，算法工程师开发完的模型，一般都需要交付给下游系统工程师。MLOPS 和以往的开发交付不同，此时往往这个过程中，算法工程师参与度还是非常高的。企业内部一般都是有一个交付配合的机制。从项目管理角度上需要增加一个 AI 项目的工作流程管理机制，流程管理不是一个简单的流水线构建管理，它是一个任务管理体系。

这个工具需要具备以下的能力。

（1）流程分析。沉淀行业样例流水线，帮助用户能快速进行 AI 项目的参考设计，启动快速的 AI 项目流程设计。

（2）流程定义与重定义。以流水线作为承载项，用户能快速定义 AI 项目，实现训练 + 推理上线的工作流设计。

（3）资源分配。支持账号管理机制给流水线中的参与人员（包含开发者和运维人员）分配相应的资源配额与权限，并查看相应的资源使用情况等。

（4）时间安排。围绕子流水线配置相应的子任务安排，并增加通知机制，实现流程执行过程之间配合的高效运转管理。

（5）流程质量与效率测评。提供流水线的任务执行过程视图，增加不同的检查点，如数据评估、模型评估、性能评估等，让 AI 项目管理者能很方便地查看流水线执行过程的质量与效率。

（6）流程优化。围绕流水线每一次迭代下用户可以自定义输出相关的核心指标，并获取相应的问题数据与原因等，从而基于这些指标下快速决定下一轮迭代的执行优化。

任务小结

本任务主要学习了如何使用华为云 ModelArts 平台进行图像分类算法的实践，无需专业的开发基础和编码能力，只需上传数据，通过自动学习界面引导和简单操作即可完成模型训练和部署，以这样的方式帮助大家对未来的智慧路灯实现真正的"智慧"打下坚实的基础，提升训练效率等。

任务评价

案例	评分项	打分	说明
垃圾分类（使用新版自动学习实现图像分类）任务（学员/小组）	创建 OBS 桶		
	准备训练数据集		
	部署模型		
	配置委托访问授权		
	创建新版自动学习图像分类项目		
	运行工作流		
	预测分析		
	清除相应资源		
	展示汇报		
	总分		

课后思考

简答题：

（1）图像分类算法在智慧路灯系统中的应用场景是什么？

（2）自动学习生成的模型存储在哪里？支持哪些其他操作？

任务单 9.1

任务名称	一键完成商超商品识别模型部署	
任务目标	以"商超商品识别"模型为例,完成从 AI Gallery 订阅模型,到 ModelArts 一键部署为在线服务的免费体验过程	
资源准备	(1)拥有已实名认证的账号。若没有,则先注册华为账号并开通华为云,完成实名认证 (2)配置委托访问授权 ModelArts 使用过程中涉及 OBS、SWR、IEF 等服务交互,首次使用 ModelArts 需要用户配置委托授权,允许访问这些依赖服务	
操作步骤	(1)订阅模型 (2)使用订阅模型部署在线服务 (3)预测结果 (4)清理资源	
运行结果		
评价	分数:	签字:

任务单 9.2

任务名称	垃圾分类（使用新版自动学习实现图像分类）
任务目标	基于华为云一站式开发平台 ModelArts 的自动学习功能实现常见生活垃圾的分类
资源准备	注册华为账号并开通华为云，进行实名认证 （1）注册华为账号并开通华为云 （2）进行实名认证 1）个人用户推荐使用人脸识别认证 2）若无身份证，可使用其他证件认证，需等待 3 个工作日审核
操作步骤	（1）创建 OBS 桶 （2）准备训练数据集 （3）配置委托访问授权 （4）创建新版自动学习图像分类项目 （5）运行工作流 （6）预测分析 （7）清除相应资源
运行结果	
评价	分数：　　　　　　　　　　　　　　签字：